北京中轴线的故事

单霁翔 著

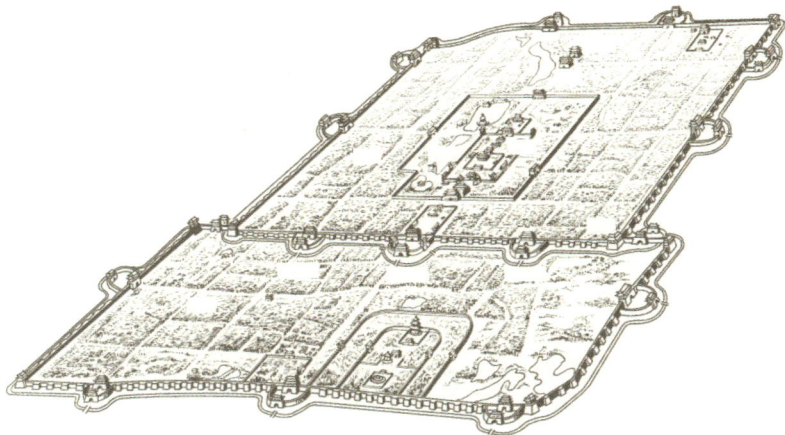

中国大百科全书出版社

图书在版编目（CIP）数据

北京中轴线的故事 / 单霁翔著. -- 北京 ： 中国大
百科全书出版社，2025. 3. -- ISBN 978-7-5202-1856-6

Ⅰ．K291

中国国家版本馆 CIP 数据核字第 2025JV1609 号

出 版 人：刘祚臣
策 划 人：蒋丽君
责任编辑：张恒丽
责任校对：刘敬微
责任印制：李宝丰
出版发行：中国大百科全书出版社
地　　址：北京市西城区阜成门北大街 17 号
电　　话：010-88390718
邮政编码：100037
设计制作：精　呈
印　　刷：河北鑫玉鸿程印刷有限公司
字　　数：220 千字
印　　张：8.5
开　　本：880 毫米 ×1230 毫米　1/32
版　　次：2025 年 3 月第 1 版
印　　次：2025 年 3 月第 1 次印刷
书　　号：ISBN 978-7-5202-1856-6
定　　价：78.00 元

序　言

北京中轴线：一条有生命力的城市轴线

　　2024 年 7 月 27 日，在印度新德里召开的联合国教科文组织第 46 届世界遗产大会通过决议，将"北京中轴线——中国理想都城秩序的杰作"列入《世界遗产名录》。这一天，距离我提交《关于推动北京传统中轴线申报世界文化遗产的提案》已有 13 年，距离北京中轴线申遗之路开始已整整 12 年。

　　这 12 年间，我们的申遗保护工作卓有成效：制定了"百项文物保护修缮计划"；组织了国内外专家学者深入探讨遗产价值、申报路径、遗产构成等关键问题；取得了正阳桥、天桥、中轴线南段道路遗存等重大发现……

　　城市中轴线在城市规划或建筑学领域中是一个十分清晰的概念，它是指由建筑、道路、广场等形成的一个连续的线性空间，影响或决定着城市中其他部分的格局。作为中国现存最为完整的传统都城中轴线建筑群，北京中轴线统领整个北京老城规划格局，并在时间和空间上不断完善，这也是世界上其他城市的中轴线不可比拟的。

　　故而，我们的目标不仅是争取北京中轴线列入《世界遗产名录》，更重要的是要通过申报世界遗产来促进整个北京老城的保护，提升北京历史文化价值，讲好中华文明和文化传统的故事，凸显北京的首都风貌，促进城市管理水平的提升，改善市民的生活环境，促进城市的可持续发展。

由南至北，永定门和钟鼓楼串起了这条壮丽的北京中轴线。在这个长达7.8千米的城市空间里，形成了生态、经济、政治、文化和社会"五位一体"的中轴线城市文化风貌：从永定门到天桥的生态景观，是世界城市少有的高品质绿化区域，这一段以前是皇家祭天的地方，现在是老百姓休闲的场所；从天桥到正阳门的经济景观，是北京传统商业最集中的区域，包括明清时期服务同乡人士和进京赶考学子而形成的会馆和文化场所，现在也是北京老城三大商业中心之一；从正阳门到故宫午门的政治景观，是很多重大政治事件的见证地和政治活动的场所，这一段从历史上就呈现出政治中心的气魄且延续至今；从故宫午门到景山北门的文化景观，这一段过去是皇宫，现在是世界遗产和大型文化设施，是中华优秀传统文化的集中体现；从景山北门到钟鼓楼的社会景观，是元代以来从未改变肌理的北京典型街道，以及大面积开放的湖泊景观，这一段最具人民性和社会性，与百姓生活息息相关。此外，中轴线两侧还有大量的

文物古迹、历史文化街区、古城遗址公园，以及很多的非物质文化遗产项目。

北京中轴线既是北京的空间之轴，也是文化之轴；北京中轴线不仅是一座座单体古建筑组成的物质实体叠加，更是一段段穿越数百年时光的城市精神脊梁。至今，这里依然汇聚着城市中最具历史和文化价值的众多代表性文物建筑，集中展现了古都的风貌。

城市轴线空间的形成，需要经历很长的发展时期。北京中轴线在历史长河中，历经中国社会的重大变革，不断被改造和发展，始终努力适应不同时代的社会生活需求，既体现出中国传统文化中伦理和价值观对城市发展的影响，也是在城市规划领域的创造性实践。

申遗成功是一个新起点。作为中国理想都城秩序的杰作，北京中轴线不是简单的过去的物质遗存，而是中国传统都城规划观念的不断延续。作为中国传统都城中轴线发展至成熟阶段的杰出范例，北京中轴线彰显出持久的活力和强大的生命力。

目　录

第一章

壮美中轴
北京老城的脊梁和灵魂

全世界最长，也是最伟大的南北中轴线穿过了全城。
北京独有的壮美秩序就由这条中轴的建立而产生。

——梁思成

元大都城平面图

健德门　　安贞门

乾宁坊　清远坊　可封坊　黄俗坊　平在坊　安贞坊　泰亨坊
怀远坊

肃清门　惠清门街
千斯仓
万亿库

永福坊　里仁坊　招贤坊　丹桂坊　光熙门街　光熙门
翰林院
（中书北省）

凤池坊　钟楼市　金台坊　灵椿坊　国子监　居贤坊　柏林寺
析津坊　　　钟楼　大都路府　孔庙

和义门街　发祥坊　中心阁　大天寿寺　总管府　昭回坊　思仁坊
和义门　由义坊　太平坊　普庆寺　崇国寺　宝钞库　警巡院　圆恩寺
大承华寺　倒钞库　　靖恭坊　　　仓
永锡坊　丰储坊　鼓楼　　　　　　　　　崇仁库
海子桥　吴澄清闸　　　仁寿坊　居仁坊
金水河

社稷坊　福田坊　武安寺　集庆坊　西市　崇真万寿宫　太庙
西成坊　鸣玉坊　王安寺　　　　　　北太仓　穆清坊
大圣寺塔　马市桥　万松老人塔　　　厚载红门　御苑　太庙　寅宾坊
平则门　金城坊　咸宜坊　安富坊　兴圣宫　后苑　宝仁坊
瑶池坊　　　　　　玉华阁　延春阁　皇后斡耳朵　保大坊
西内　红门　太子宫　萧　隆福宫　广寒殿　仁智殿　延华阁
甘石桥　　　光天殿　前苑　太液池　仪天殿　西华门　墙　东华门　红门
齐化门街　明照坊　齐化门
周桥　　　　　　大明殿　枢密院
城隍庙　阜财坊　时雍坊　云从门　大明门　星拱门　崇天门
大庆寿寺　灵星门　　　　　思诚坊
万宝坊　五云坊　南薰坊　文史台　澄清坊
中书省　仓库　　　　　枢密院角市
海云塔　南庆寿寺　中书省　　　御史台　明时坊
顺承门　　丽正门　文明门　文明行库　太史院

1420 年，北京城在元大都的废墟上建立起来。600 余年间，北京老城历经战乱、火灾、地震、近现代化改造和商业化浪潮后，其主体或有残损，但迄今仍以其巍峨典雅、活泼生动之姿，作为中华文明的象征屹立于世界的东方。北京老城无疑是中国城市规划史上最为成功的典范和代表，被中国著名建筑学家梁思成先生誉为"都市计划的无比杰作"。

在一些人的眼中，与高耸直刺天穹的西方建筑相比，北京老城建筑似乎普遍显得较为低矮、平淡。实际上，中国建筑正是以简单重复单元组成的复杂的建筑群落，在严整中富于变化，变化中又求统一，体现出一种整体之美、均衡之美、理性之美。

在中国传统文化思想体系中，"以中为尊"是一大特色，历代帝王总是把自己的国家视为"天地之中"。在中国，中轴线具有特殊的文化意义，代表立国之本，《礼记·中庸》曰："中也者，天下之大本也。"《吕氏春秋·慎势》曰："古之王者，择天下之中而立国，择国之中而立宫。"北京城居天下之中，皇城居北京城之中，宫城又居皇城之中，而宫城又以中轴线为"中"。对称形式是中国传统文化的美学法则，古人认为对称形式能给人们以健康的美感。因此，中国古代城市大多有清晰的南北轴线、规整的对称格局，体现"中正"之美。

北京老城的城市布局，依照北京中轴线布置和展开，有完整的城墙和护城河，有内九外七的城楼、城门。北京城门相对，构成棋盘式的街道，互相平行的胡同，则成为主干道通往传统四合院住宅的交通网络。北京老城是中国特有的传统景观艺术的重要组成部分，中轴线南北起伏、东西对称，体现出中国传统城市美学的价值取向，以其宏大的整体布局、巧妙的局部空间组织、精美的单体建筑设计，体现了中国传统城市美学、景观艺术和建筑艺术的最高成就。

北京中轴线，形成于元代，历经明、清、民国至今，始终得到充分的尊重和传承，它记录了历史的发展与时代的进步。数百年来，北京中轴线始终处于驾驭全城的至尊地位，众多重要建筑、广场和道路、河湖水系等，或有序安排于中轴线之上，或对称布置于中轴线之侧，形成空间的韵律与高潮。实际上，也正是通过中轴线左右对称的布局，进一步增强了城市的规整性，将中轴线更加凸显出来，使整个北京城形成了以中轴线为中心的完整城市景观，北京中轴线"就像北京的一条文化血管，里面流淌的是一种北京的特有血液"。

北京中轴线是世界上迄今为止经由人工设计建成，保存最完整的古代都城城市轴线，是古都北京不同于世界其他城市的独特历史标记。经过长时期的营造，北京中轴线成为城市构图的核心和城市格局的脊梁。北京中轴线两侧的街巷胡同布局相向，保持着特有的格局和肌理。如此大面积的对称，使整个城市产生出了无与伦比的超然气度，独具特色的壮美和秩序由此而得以建立，平缓开阔的城市空间由此而得以控制，进而使城市空间序列严谨、主次明确、层级递进、收放有度，使宏大的城市具有了强烈的向心力和归属感。

北京中轴线是中国古代城市设计的经典，也是中国古代建筑营造技术的巅峰。北京中轴线建筑群体现了中国古代建筑、景观设计与建造技术的最高水准与发展成就，中轴线上串联起的宫殿、庙宇、城门和民居建筑等，丰富的建筑形式、体量、材料，以及多样的设计、营造手法，充分体现出中国传统建筑的精美绝伦。

另外，轴线上串联的河道、城郭和钟鼓楼则体现了古代水利、城市防卫和报时技术的发展，具有不可忽视的科学价值。在园林设计方面，体现出北方皇家园林与南方城市园林设计理念的融合，河湖水系与园林建筑的呼应与对话，则显示出卓越的城市景观营造水准。正如梁思成先生所说："前后起伏、左右对称的体形或空间分配都是以这中轴线为依据的；气魄之雄伟就在这个南北引申、一贯到底的规模。"中国现代建筑学家、城乡规划学家、教育家吴良镛教授也赞誉北京中轴线是"古代中国都城发展的最后结晶"。

北京中轴线不仅是北京城的支撑，而且是北京城壮美之本。这条贯穿北京南北的中轴线气势如虹，将很多自成一组的基本平面组织串成一体，并将整个城市从空间组织上、体量安排上完全连贯起来，呈现出一种极为完整的节奏感，达到完美的艺术效果。中国文物学会特聘专家、原北京地理学会副理事长朱祖希先生曾形象地比喻："北京城就像一件中山装，脑袋是太和殿，第一个纽扣是端门，第二个纽扣是午门，第三个纽扣是天安门，第四个纽扣是前门，第五个纽扣是永定门，两个大口袋是天坛、先农坛，上面两个口袋是太庙、社稷坛。"正是因为有了这条中轴线，北京城的雄伟、严整、和谐之美才得以确立。

清康熙四十八年（1709），贯通北京城的南北中轴线被确定为天文和地理意义上的"本初子午线"，即零度线。这实际是从天文和地理意义的角度出发，重申古代中国以本土作为世界中心的理念。它比 1884 年国际经度会议确定通过的以"英国格林尼治天文台原址的经线作为本初子午线"要早 175 年。北京中轴线自形成以来，就按照郊祀的传统，在内城之外以中轴线为中心，分别在南、北、东、西设置了天、地、日、月四处重要的坛庙，是中国保存下来最完整的祭祀建筑组群，为北京中轴线增添了丰富的文化内涵，也是强化北京中轴线的重要内容。

　　"天人合一"不仅是中国文化、中华哲学的基本精神，也是中国最有代表性的文化特征。"象天设都"则通过象征手法、物质形态，体现皇权尊贵，营造了天、地、人三者之间的高度和谐，是东方宇宙观在都城规划建设中的具体体现。在中国城市营造方面，"天人合一"思想的影响深刻。尊法自然、合于天地，追求天、地、人三者和谐统一，成为规划设计期望达到的理想境界。据史籍记载，自战国起，古人建都就重视地理位置的选择。古代都城建设首先是"择天下之中而立国（国都）"，其次则要"择国（国都）之中而立宫"。其中"择中"思想是重要的设计规则，认为

北京中轴线俯瞰

择地"中"所建之国，是天时、地利、人和三方面最有利的位置，不仅择国土之中建都城，且择都城之中建王宫，使"中央"被视为最有统治权威的象征。"天人合一"这一哲学思想也是北京中轴线的思想精髓。例如，故宫古建筑群在建筑布局、装饰色彩等方面都充分展示出群体美、环境美、自然美，创造出"天人合一"的理想境界，体现出深厚的文化底蕴。

中轴线纵贯北京城四重城郭，不同区段有着不同的主题文化，内涵极为丰富而独特。

由永定门至天桥段主题是生态："永定门前翠影重，天桥侧畔绿意浓"，古木参天，屹立于永定门旁；绿影摇曳，与天桥交相辉映。天坛和先农坛300多万平方米的绿化郁郁葱葱，永定门道路两旁绿树成荫，天桥周边繁花似锦。它们宛如巨大的空气净化器，在清风的助力下，让清洁湿润的空气吹进北京老城。

由天桥至正阳门段主题是经济：天桥地区是面向平民、文商结合的繁荣市场及娱乐场所。处于中轴线上的前门大街和两侧地

在北京正阳门箭楼上拍摄的前门大街和远处的永定门

区在明清时代形成繁华的商业区，数百年来店铺林立、商业繁荣，具有浓厚的传统商业气息，反映了古都传统商业文化的繁荣景象。

由正阳门至故宫午门段主题是政治：天安门广场是明清两代举办重大庆典和向全国发布政令的重要场所。1949 年，开国大典在这里举办，经过几次扩建，形成了以人民英雄纪念碑为中心，东西宽 500 米、南北长 880 米，总面积达 44 万平方米的广阔空间，象征着国家的统一、社会的稳定和民族的和睦。

由故宫午门至景山北门段主题是文化：紫禁城是世界宫廷史上的"无比杰作"，成立于 1925 年的故宫博物院，是世界上最著名的博物馆之一，成为中国对外文化交流和展示中国传统文化的重要窗口。作为世界上现存规模最大、保存最完整的古代宫殿建筑群，故宫于 1961 年被列为全国重点文物保护单位，1987 年被列入《世界遗产名录》。

由景山北门到钟鼓楼段主题是社会：中轴线北端是"前朝后市"的"后市"，形成融汇民居、商业、娱乐的市井民俗区域，在中轴线两侧的南北锣鼓巷、什刹海是都市百姓居住、生活、休闲的区域。此外，作为整个中轴线的终端，钟鼓楼上的晨钟暮鼓是中国"日出而作、日落而息"的传统生活方式的真实写照。

北京中轴线在 600 余年的历史长河中，始终努力适应不同时代的社会生活需求，将生态、经济、政治、文化、社会融合成"五位一体"的发展格局。沿北京中轴线前行，可以从跌宕起伏的空间乐章中感受中华文明的博大胸怀。

在北京的战略定位中，中轴线是构建明清北京城骨架的重要基准线，在传统城市空间和功能秩序上起着统领与布局作用，人们常形容北京中轴线是"古都的脊梁和灵魂"。中轴线凝聚了北京这座文化古都发展的精髓，更是一条关乎北京人文历史、道德教化、风俗民情，乃至社会发展的命脉。北京中轴线及其建筑，蕴含着深厚的民族传统及历史文化，与中国延续数千年的古都城市发展史一脉相承，构成了中华民族历史上独具魅力的古都城市营造体系，是中国传统文化孕育的特殊文化成果。从文化意义上来说，北京中轴线是中国几千年来古都城市历史文化发展的缩影。

世界其他国家的首都也有具有轴线布局特点的城市，如意大利罗马、法国巴黎、美国华盛顿、澳大利亚堪培拉和巴西巴西利亚等。与巴黎、柏林等城市笔直宽阔、没有任何遮挡的林荫大道相比，北京中轴线需要登上景山或高空俯瞰才能发现这条完整的连线。与实在的轴相比，北京的"中轴"更多地来自民族的文化心理结构和想象性重构，是一条隐性轴。

巴黎中轴线形成于 1724 年，柏林中轴线形成于 1674 年，华盛顿中轴线形成于 1791 年，而北京以中轴线营城的历史始于1267 年，依据《周礼·考工记》而来，这一营城巧思先于西方国家近 400 年。北京中轴线规划起点最早、规划理念源头最古老，是世界唯一一条蕴含哲学和宇宙观念的中轴线。

中华人民共和国成立之后，城市建设在北京老城展开，但是北京中轴线的对称格局没有被打破。同时，中轴线作为北京城市规划中统率全局的存在，为构建完整的城市景观增添了支撑，为实现优美的城市环境创造了条件，也为继承优秀的中国传统文化提供了思路。

北京中轴线形成于过去，认识于现在，施惠于未来。它承载着鲜活的历史事件和人物故事。随着时间的流逝，故事成为历史，历史变为文化，长久地留存在人们的心中。

第二章

寻宝中轴

15 处遗产

北京中轴线 15 处遗产

中轴线申报世界遗产对于北京老城保护，城市历史、文化特征的表述，文化身份的确认均具有重要的意义。对于北京中轴线而言，作为申报世界文化遗产的项目，需要确定遗产构成要素，中轴线构成的建筑、街道、广场等空间边界，以及时间的起止范围。其中，在北京中轴线的遗产构成要素的选择上，早期根据北京中轴线申报世界文化遗产的文本编制机构介绍，对中轴线的价值阐述存在几种可能性。

　　在北京中轴线的遗产构成要素方面，被认为可操作性较强的选择是把申报世界文化遗产的范围限制在"北京明清中轴线建筑群"，即从南向北包括正阳门、社稷坛、太庙、天安门、端门、故宫、景山、万宁桥、鼓楼、钟楼。时间范围限定在明、清两代。这一文化遗产构成要素的选择，突出了北京中轴线在中国封建社会最后阶段的城市规划建设中反映出的高度成熟、完整的礼制思想。这一文化遗产构成要素的范围最小，可以保证在所谓"真实性"分析方面的可操作性，但是难以充分表现北京中轴线在整个城市建设发展中的作用和影响，在对中轴线文化遗产的"完整性"阐释方面存在不足。

　　在北京中轴线的遗产构成要素方面，范围较大的选择包括永定门、天桥大街、天坛、先农坛、前门大街、正阳门、毛主席纪念堂、人民英雄纪念碑、人民大会堂、中国国家博物馆、社稷坛、太庙、天安门、端门、故宫、景山、六海水系、万宁桥、什刹海历史街区、南锣鼓巷历史街区、钟楼、鼓楼，以及钟鼓楼周围一定范围的历史街区。这一选择方案的时间范围起止可以从元代一直延伸到当代，能够充分强调北京中轴线对北京城市发展的持续影响。它不仅突出了北京中轴线作为历史遗产的价值，也强调了北京中轴线对北京当代发展的价值和影响，表达了当代北京的发展和文化特征。

这一方案可以通过天坛、先农坛突出中轴线南部的传统皇家祭祀及其反映的中国传统主流信仰的文化内涵；通过什刹海、南锣鼓巷和钟鼓楼周围历史街区，突出中轴线北部的市井文化，与中轴线核心位置的故宫等皇家建筑所表现的古代国家统治中心、以天安门广场为核心的当代国家政治文化中心的功能相结合，完整地表现《周礼·考工记》阐述的并影响至今的中国传统城市规划思想；纳入六海水系，可以清楚地表述北京中轴线在确定过程中对自然环境因素的考虑，能够表述元朝在都城规划中对中国传

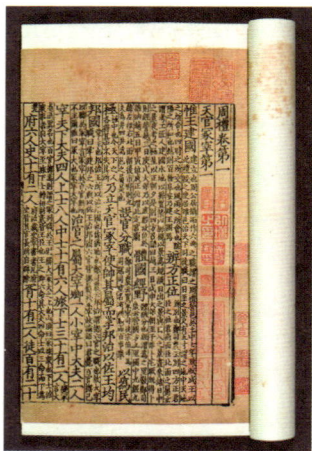

《周礼》宋刻本

统城市规划思想和民族习惯的兼容并蓄，可以体现北京中轴线与六海水系结合形成的独特的城市核心区的景观特征。

这一方案涵盖了北京老城现存最为完整的部分，有利于实现对北京的整体保护，也有利于对北京中轴线"完整性"的阐释。但是，这一文化遗产构成要素选择方案的难度，在于从"真实性"的角度对一些复建或改造的节点和区域的解释，如复建的永定门城楼、改造后的前门大街等，都可能会在"真实性"方面引起一定的争议。同时，由于涉及人民英雄纪念碑、毛主席纪念堂、人民大会堂、中国国家博物馆等重要的政治、文化建筑，以及六海水系、历史

街区等，使管理、监测等问题变得更为复杂，存在一定的困难。

还有介于两者之间的遗产构成要素的选择方案，即包括永定门、天坛、先农坛、天桥大街、前门大街、正阳门、天安门广场、社稷坛、太庙、天安门、端门、故宫、景山、万宁桥、鼓楼和钟楼。这一选择是一个折中的方案，也在一定程度上兼具了前两种可能的选择方案的优点和缺点。这一方案可以突出北京中轴线对北京城市发展的持续影响，可以反映礼制观念在中国文化中的继承和发展。这一方案尽管在管理的角度相对简单，却也存在着对复建项目永定门城楼、改造项目前门大街的真实性问题阐述的困难，也没有充分体现出北京中轴线承载的中国文化丰富、多样的表达方式。

2022年11月，北京老城的中轴线遗产"全景图"最新公开。其中，遗产区包含15处遗产构成要素，总面积约5.9平方千米；缓冲区与中轴线形成和发展联系紧密，总面积约45.4平方千米。

首都博物馆"辉煌中轴"展出北京中轴线沙盘

北京市文物局也发布了《北京中轴线保护管理规划（2022年—2035年）》。依据规划，这15处建筑及遗存是中轴线遗产构成要素，全长7.8千米的北京中轴线南端为永定门，向北经过中轴线南段道路遗存、正阳门、天安门广场及建筑群、外金水桥、天安门、端门、故宫、景山、万宁桥，至北端钟鼓楼，天坛和先农坛、太庙和社稷坛东西对称布局于两侧。

　　这条长达7.8千米的空间里，蕴含着从古到今劳动人民创造的、动人的文化与历史，形成了秩序井然、气势恢宏的城市建筑群，见证了影响中国都城营建传统2000余年的理想都城秩序。

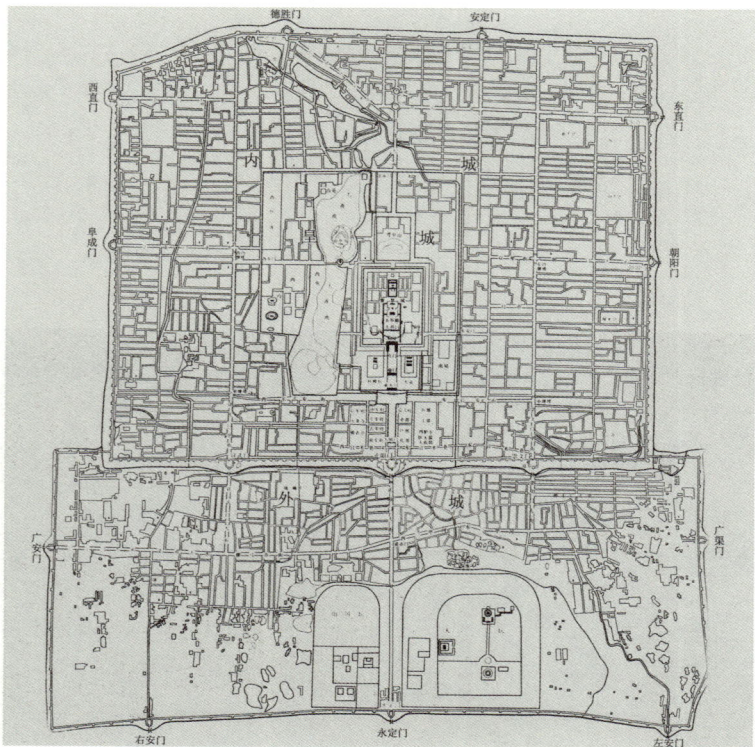

明北京城平面示意图

永定门

邦国永定之门

始建年代：始建于明嘉靖三十二年（1553）闰三月，同年十月完工。

地理位置：原址在东城区永定门内大街南端、桥北，永定门东、西街交会处，坐北朝南。

功　　能：作为北京老城外城的正门，具有抵御外敌入侵的功能，同时是北京城通往中原至南方的旱路重要通道，也是清代皇帝进行南巡、游猎等活动出入的重要门户。

北京中轴线上的永定门始建于明嘉靖三十二年（1553）闰三月，另有永安门、永昌门等名号，寓意"永远安定"，是北京中轴线南端的标志性建筑。明清两朝皇帝进行龙驭回銮、往南游幸等活动时必经此门，也是官商市民南来北往、进出京城的重要关卡。

邦国永定之门

最初为巩固城防，明朝政府决定于嘉靖三十二年在内城的外围修筑外城城垣。但由于连年大兴土木，朝廷无力支撑，外城建成"包京城之南，转抱东西角楼"的"凸"字形格局后，便匆匆收尾。外城共有七门，永定门位于南垣正中。初建时，永定门只建了城门楼，被称为"正阳外门"。嘉靖四十三年（1564），补建瓮城，从此被正式命名为永定门。外城建设使得北京中轴线南端抵达永定门，基本形成了今日的整体格局，全长7.8千米。

由于外城形制比内城城门小很多，为加强防务，清乾隆三十一年（1766），将永定门城楼扩建为北京外城七门中最大的一座城门，同时增筑箭楼。至此，永定门形成城楼、箭楼、瓮城的完整形制，矗立于中轴线最南端。

扩建后的城楼连城台通高26米，面阔5间，进深3间。重檐歇山三滴水楼阁式建筑，灰筒瓦绿琉璃瓦剪边顶。箭楼连城台通高15.85米，面阔3间，进深1间，为单檐歇山式灰筒瓦顶。南、东、西三面各有2排箭窗，南面每层7孔，东、西面每层3孔，共26孔。城台下辟有门洞，与城楼门洞直通。瓮城呈方形，两外角为圆弧形，东西宽42米，南北长36米。

中轴起点亟须复建

1957年，为缓解永定门地区的交通压力，满足城市交通发展需要，先后将永定门的城楼、箭楼和瓮城及南部城墙全部拆除，取而代之的是跨河大桥和公交通道。永定门的彻底拆除，使这条有着 700 多年历史的中轴线失去了南端起点，出现失衡。

永定门是北京中轴线南端点的历史标识，与正阳门南北相望，是中轴线南段的重要景观节点。古都的"复兴"离不开古迹复建。但古建筑复建是世界历史文化遗产保护中的焦点问题，历来饱受争议。有反对者认为，复建永定门是修"假古董"，没有多大意义；支持者却表示，建筑不是"古董"，是公共产品，是见证历史的载体，它们的真与假首先要看所承载的历史是真是假。复建永定门是重现历史载体、传承历史信息和展现历史风貌的工程。

据 1994 年在日本奈良通过的《奈良真实性文件》强调，保护文化遗产真实性的同时肯定保护方法的多样性，文化遗产的"真实性"不仅指现存的实物形式是真实的，更重要的是它所承载的文化内容是真实的。而永定门在中轴线上有重要意义，复建永定门就使中轴线有了完整性，其历史价值不言而喻。为此，多位专家曾给北京市文物局写了一封《关于重建永定门的建议书》，其中写道：中轴线体现了中国传统的审美理念，也代表了北京的历史文脉，记载着首都的历史变迁。城市失去历史标志，等于失去了记忆，保护好这条中轴线，也就是使后人不至于看到一个失去记忆的城市。为此，我们建议将永定门重建起来，恢复它作为古都中轴线南端起点的标志功能，将丧失了 41% 的中轴线重新连接贯通。

时机终于来了，为迎接 2008 年北京奥运会，保护古都风貌，北京市对文物保护的力度空前提高，复建永定门也因此被提上议程，被列入"人文奥运文物保护计划"的重点项目，成为北京城中轴线景观整治工程中最重要的一点。

永定门俯瞰图

2004 年，为了保证中轴线的完整性，实现"新北京、新奥运"战略构想，北京市仿照乾隆年间式样，根据民国时期对永定门的测绘资料，复建了永定门城楼。消失了近半个世纪的永定门城楼在原址按原形制完成复建，再次屹立在中轴线南端。

复建方案"几经波折"

永定门复建设计方案最初的依据，是一个外国人留下的数据，他就是瑞典学者喜龙仁。出于对中国艺术的热爱，1920 年起，喜龙仁多次来到北京。他痴迷于这座城市古老的建筑，陶醉于那些"土石写就的编年史"。喜龙仁把北京城比作一个巨人，"城门就好像巨人的嘴，其呼吸和说话皆经由城门这张嘴。凡出入于城的万事万物，都必须经过这些狭窄通道。因此，全城的生活脉搏都在城门处集中，通过这个通道的，不仅仅有众多的车辆、牲畜和行人，还有人们的思想和欲望、希望和失望，同时还有与人们生活息息相关的各种生老病死。通过城门，人们不但能够感受到生活的脉搏，还能够看到城市生命和意志的流动。这种流动给予这座城市极其复杂的生命和节奏"。

对老北京城墙和城门艺术特征的兴趣，激发了喜龙仁研究其历史的想法。在中国建筑师的协助下，他先后花了 5 年时间，勘测丈量了每一段城墙、每一座城楼的尺寸，观察记录城墙、城门及周边街市乡野的现状，并用相机拍摄了大量珍贵的照片，精细绘制城门各种角度的建筑细节图。1924 年，喜龙仁把他用镜头和文字悉心捕捉的这些壮丽景观汇集成册，在英国伦敦出版了一本《北京的城墙和城门》。这本书在当时并没有引起太多反响，但喜龙仁或许不曾想到，时隔近 80 年后，它却为复建永定门提供了重要依据。

　　2003 年，专家团队正为找到历史上永定门城楼形制、尺寸的详细资料一筹莫展的时候，时任北京市古代建筑研究所所长的韩扬在北京市文物研究所找到一本英文版的《北京的城墙与城门》。书中对永定门有详细的记载和实测图，这些详细的数据和图纸，成为永定门复建设计方案最初的依据。后来韩扬在当时的中国文物研究所（今中国文化遗产研究院）又找到了 1937 年北平市文物整理委员会对永定门城楼的实测图、1957 年拆除永定门时绘制的建筑结构图，还在故宫博物院等机构搜集到了永定门建成以来的文字和图片资料。为了使复建后的城门保持老北京时期的"原汁原味"，文物专家决定以 1937 年的永定门城楼实测图为蓝本设计，按 1：1 比例进行复建。

复建坚持"原汁原味"

　　复建永定门的施工负责人是北京市文物古建工程公司董事长李彦成，我们相识很多年了。他是位老古建人，和永定门有着十分深厚的渊源。北京城的城墙和城门，他基本都参与过修复。

　　围绕永定门复建的第一场激烈争论是在哪儿复建。李彦成回忆说，当年北京文物研究所对永定门城楼做了长达一个月的考古发掘，人们从探坑里找到了城墙的基址，发现瓮城的一角恰好在护城河里。若要完整地复建瓮城和箭楼，恐怕还得对河道进行填平、治理，甚至改道，或会影响到主干河道的防汛，又或者需要更复杂的配套方案。李彦成记得，当时文保专家们争论激烈，有人主张异地完整复建。但是以王世仁为代表的一批专家认为，"哪怕挪了一寸，都不是原址了。地方都不对了，你做得再像，它也不是这个地方，那不行"。如此重要的地标建筑，假如不是原址，其复建的原真性要大打折扣。因为这里既是中轴线的起点，也是自古以来人们进入北京城的重要关口。最终，北京市政府决定，在原址上复建永定门城楼，等条件成熟了，再复建瓮城和箭楼。

　　按照永定门城楼传统的基础结构，已不能满足既保证在原址复建，又兼顾安全的需求。经过综合考量和分析：从设计难易程度来说，采用中国传统工艺要比用钢筋混凝土复建难很多；但从建筑寿命上来说，钢筋混凝土结构的理论寿命或可以达到几百年，而中国传统的木结构建筑，实例已存在千年之久，且在抗震方面有一定优势。设计组最终决定按照原形制、原尺寸、传统木结构的材料做法进行设计和复建。

　　据史料分析，永定门城楼有12根"金柱"，且直径应该不小于52厘米，长度不小于13.66米。金柱是清式建筑中的称谓，也就是古代建筑中的内柱。老北京城楼的立柱大多数都是铁力木。铁力木又叫铁梨木，是一种热带亚热带珍稀树种，因材质特别坚硬沉重而得名。这种木料"立木为剑"，入水即沉，十分坚硬，是做金柱最好的材料。故明代以来，人们常用铁力木造船、造桥等。但由于铁力木是国家二级重点保护野生植物，树种珍贵，产量稀少，寻找12根符合尺寸要求的铁力木，难度可想而知。纵然如此，李彦成坚持多方打听、四处奔波，终于在即将绝望之际在张家港港口买下了12根从南非进口的铁力木。

　　原"永定门"匾额，相传在北京拆除老城后不知去向。2003年8月的一天，李彦成向北京古代建筑博物馆的工作人员说起寻找复建永定门材料的事情，这让工作人员回忆起征集文物时收集到的一块城门石匾额。当时为免风吹雨淋，工作人员将其扣放到博物馆院内的一棵古柏树下面。为保险起见，他们还在上面盖了一层浮土。也正是这次偶然的机会，永定门城楼上的石匾额得以"重见天日"。经鉴定，这是明嘉靖三十二年（1553）始建永定门时的原件，属于文物，现已收藏在首都博物馆。永定门石匾额长2米，高0.78米，厚0.28米，镌刻"永定门"3个字，遒劲雄健。

2004年3月10日，北京市文物古迹保护管理委员会委员、文物古建专家罗哲文（右）和全国历史文化名城保护委员会副主任委员郑孝燮（左）在研究原高悬于永定门城楼上的石匾

复建城楼上"永定门"3个大字的石匾，则是仿照明代石匾原样雕制后嵌入的。

20世纪50年代，北京建设三台山危险品仓库时，正赶上永定门拆除。仓库负责人派车拉了许多城砖回来，旧物利用，修建围墙。2004年，永定门复建开工，仓库"物归原主"，又将几千块旧城砖运了回去。几经风雨，这些旧城砖重新回到永定门城楼上。在日新月异的城市化进程中，人们不断刷新着对历史古迹的价值认知。

由此，复建永定门尽可能做到尊重历史原貌，在用料和工艺上也力求"原汁原味"。"木工的斗拱加工、淌白糙砌的手法等都是传统工艺，刷桐油也跟古代一样，用牛尾蘸油往立柱上甩。"李彦成说。

重现中轴南端神韵

作为北京外城的正南门，永定门是明清两代城市防御体系、城市管理设施和国家礼仪传统的重要组成部分。随着北京外城商贸的兴起，永定门内居住人口不断增加，手工业与商业发达，永定门也成为商贾往来的重要通道。今天，复建后的永定门城楼和瓮城地面铺装明确标识出北京中轴线南端点的位置，准确展示出永定门的历史形制与传统工艺做法。

永定门城楼的复建，全部依据1937年北平市文物整理委员会对永定门城楼的实测图和1957年永定门城楼拆除时留下的图纸，以及相关照片等档案资料进行施工，城楼的彩画是传统的"雅五墨旋子彩画"。尽管如此，工程还是引起了社会各界广泛的讨论和争议，很多人都对永定门到底是不是文物，到底是不是1∶1还原的等问题产生疑惑，但是我能够很自豪地告诉大家，2004年

2004 年 8 月 21 日，北京永定门城楼
复建的主体结构基本完工

复建永定门就是用的古法建造，在原址，采用原材料、原形制、原结构、原工艺进行的复原。这是北京中轴线的南端点，不论在历史意义上，还是在工艺还原上，我们都达到了当年的标准。

　　永定门城楼复建竣工后，中国著名历史地理学家侯仁之先生打来电话，要求"登门"看看这座意义非凡的重建建筑。他坐着轮椅亲临现场，参观之后感叹道："永定门城楼的复建为首都增添了无限风光。"永定门城楼重建，既恢复了历史中轴线南端的标志，又是北京当代城市建设史的重要组成部分，体现了新的真实性的内涵。由此可以联想，永定门箭楼和门外护城河桥作为中轴线南端点的一部分，亦具有重要的地标价值，未来也具备恢复的可能性。

中轴线南段道路遗存

中国礼仪文化传承的见证

始建年代：始建于明代。

地理位置：位于北京中轴线的南段，正阳门至永定门之间。

功　　能：明清两代国家礼仪活动的必经之路，见证了北京中轴线延续至今的国家礼仪文化。

明清两朝，从正阳门到永定门有一条中央御道，是皇帝驾临天坛祭天或到先农坛扶犁的必经之路。最初为土路，后因其重要性，于清雍正年间，改铺为石板路。20世纪初，道路被改为沥青混凝土路，原有清代石板被埋于地下，直到2004年被重新发现。

中轴线南段道路遗存属于正阳门到永定门御道的一部分，为若干处分布于正阳门至永定门的居中道路遗存，自南向北分别为：永定门北侧石板道遗存、永定门内中轴历史道路遗存和珠市口南中轴道路排水沟渠遗址。其中，永定门北侧石板道遗存位于永定门以北约100米处，为两段花岗岩条石铺砌的路面，是清代石板铺面的物质实证；永定门内中轴历史道路遗存位于永定门以北约400米处，展现出明至现代不同历史阶段居中道路使用情况；珠市口南中轴道路排水沟渠遗址位于珠市口教堂南侧约5米，为沟壁砖砌，沟底平铺青砖，上盖石板，青砖下满打地钉，展现出清代居中道路两侧砖砌沟渠的位置与形制。

北京中轴线南段居中道路作为连接精心布局的城市建筑群与公共空间的关键纽带，在明清两代的国家礼仪活动中占据着举足轻重的地位，是当时礼仪活动的必经之路。历史上，这一区域道路两侧曾被简陋的商业门店占据。如今，沿着御道向北前行，可见天坛与先农坛对称分布于两侧，两坛之间原有的杂乱房屋已被拆除，传统景观得以恢复重现，彰显出其独特的历史风貌与文化价值。

从已发掘的南段道路遗存来看，自明嘉靖年间起，北京中轴线南段居中道路便持续投入使用，并在不同历史时期均历经了维护与修筑工作。它不仅是明清时期祭祀路线与礼仪活动的物质载体，更是北京中轴线所承载的国家礼仪文化绵延传承至今的有力见证者，对研究北京中轴线的历史演变、文化内涵以及古代城市规划与礼仪制度等方面，均有着不可替代的重要意义。

中轴线南段道路遗存

天坛

中国古代皇家祭祀建筑杰作

始建年代：始建于明永乐十八年（1420）。

地理位置：位于北京市东城区永定门大街东侧。

功　　能：明清时期皇帝冬至举行祭天、祈谷和祈雨仪式的场所，具有重要的宗教、政治和文化意义。

天坛始建于明永乐十八年（1420），是迄今保存完好的最大规模的祭天建筑群，也是唯一完整保存下来的皇家祭坛。从紫禁城沿中轴线到天坛，为国家祭天礼仪祭祀空间。明清皇帝每年到天坛举行祭天、祈谷和祈雨活动，为社稷百姓祈祷风调雨顺、五谷丰收。

天坛位于正阳门外东侧，初名天地坛，是祭祀天与地的场所。明嘉靖年间设立四郊分祀制度，在北京城的北面建地坛，将天地坛改称天坛，只祭天不祭地。

精心的建筑设计

天坛四周环筑的两道坛墙，把全坛分为内坛、外坛两部分，总面积273万平方米，主要建筑集中于内坛。内坛分为南北两部。北为祈谷坛，是天坛中最早的建筑，为3层汉白玉石砌圆形基座，约6米高，直径90.9米，中心建筑是祈年殿。南为圜丘坛，专门用于冬至祭天，中心建筑是一个巨大的圆形石台，名圜丘。两坛之间以一条长360米、高出地面的甬道——丹陛桥相连，共同形成一条南北长1200米的天坛建筑轴线，两侧为大面积古柏林。圜丘坛北面为皇穹宇，为放置圜丘神牌的地方。西天门内南侧建有斋宫，是祀前皇帝斋戒的居所。西部外坛设有神乐署，掌管祭祀乐舞的教习和演奏。另外，还有皇乾殿等建筑。天坛的核心祭祀空间为圜丘坛和祈谷坛，南圜丘、北祈年殿的格局，形成了天坛的完整布局，体现了"坛上祭天、屋下祭帝"的思想。

天坛众多建筑中，最引人注目的要数北部祈谷坛的中心建筑——祈年殿了。祈年殿初名大祀殿，为一矩形大殿，用于合祀天、地。明嘉靖二十四年（1545）改为三重檐圆殿，殿顶覆盖上青、中黄、下绿三色琉璃，寓意"天、地、万物"，并更名为大

祈年殿鸟瞰

享殿。清乾隆十六年（1751），改三色瓦为统一的蓝瓦金顶，定名祈年殿，是孟春（正月）祈谷的专用建筑。殿高38.2米，直径24.2米。祈年殿不用大梁长檩，而由28根楠木巨柱与互相衔接的枋、桷、椿等来支撑，可谓巧夺天工。中心4根"龙井柱"高达19.2米，直径1.2米，象征春夏秋冬四季；中层12根"金柱"，象征12个月；外层12根"檐柱"，象征一天十二时辰。中层和外层加起来24根柱，象征着二十四节气。3层相加28根柱，象征周天二十八星宿。还有人认为，如果再加上柱顶的8根"童柱"，象征三十六天罡。大殿全部用龙凤和玺彩画、菱花格槅扇门窗。更精彩的是，殿内中心地面上有黑色纹理大理石，自然成龙凤花纹，与殿顶藻井中的木制雕龙相应，俗称"龙凤呈祥石"。

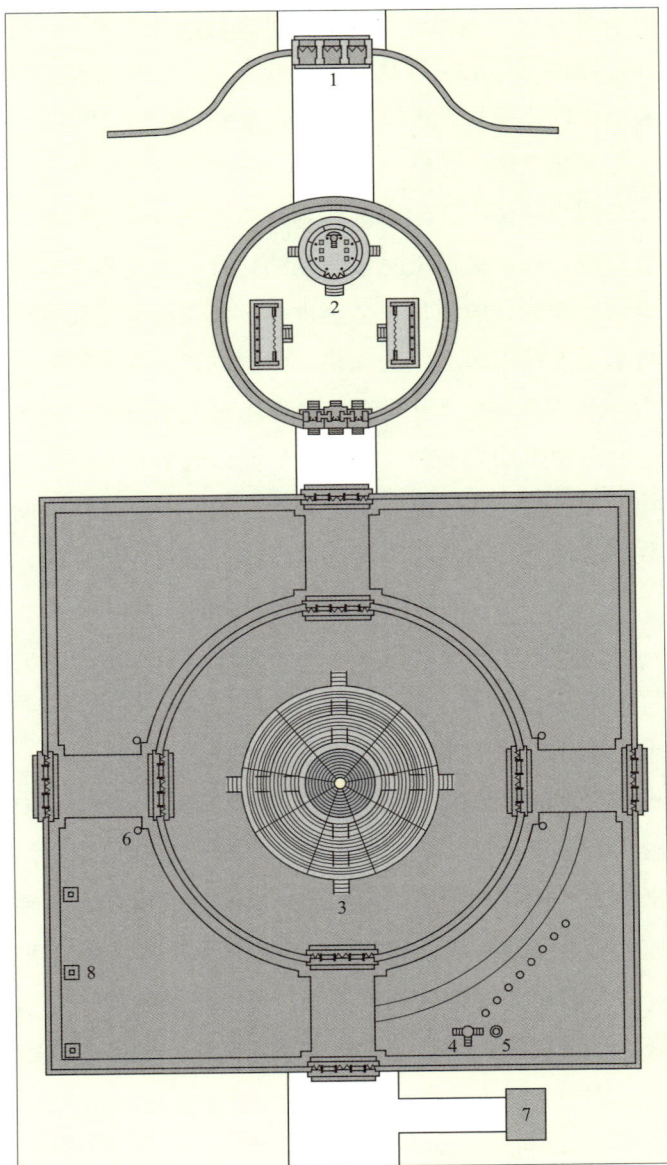

天坛圜丘和皇穹宇
平面图

1 成贞门 2 皇穹宇 3 圜丘 4 燔柴炉 5 瘗坎 6 燎炉 7 具服台 8 望灯

殿内设有雕龙宝座，是行祭祀时安放神牌的地方。祈年殿结构雄伟，殿内空间层层升高并向中心聚拢，外形台基和屋檐层层向上收缩，以体现与天相接。曾于清光绪十五年（1889）焚毁于雷火，次年开始重建，光绪二十二年（1896）竣工。

圜丘坛位于天坛南部，为汉白玉砌成的三层露天圆坛，围绕着石雕栏杆，是祭天时设祭场的地方，故又称祭天台、祭台或拜天台。祭天一般在每年冬至进行，以表达对上天恩佑的感激，并祈求上天在未来一年的保佑。中国古代认为天是阳性，又以奇数为"阳数"，而"九"又为单数中最大的奇数。因此，圜丘坛每层四面台阶均为九级。最上层坛面以天心石为圆心向外铺展扇面状弧形石块，共九圈，接近天心石的一圈是九块，向外以九的倍数层层递增。中层和下层坛面设计，以及各层栏板、望柱数都为"九"或"九"的倍数，以契合上天的意旨与规律。

皇穹宇在圜丘坛以北，为平时存放祭天所用"皇天上帝"牌位的殿宇。始建于明嘉靖九年（1530），初名泰神殿，明嘉靖十七年（1538）改称皇穹宇。清乾隆十七年（1752）改建，将重檐式殿顶改为单檐，地面用青石铺墁。殿高 19.2 米，直径 15.6 米，殿内有 8 根内柱，上部挑出镏金斗栱，承圆形天花，宛如伞盖。殿外有一圈环形围墙，因围墙用临清城砖磨砖对缝砌成，建造规整，壁面平滑，能很好地沿着内弧传递声波，故称回音壁。

经过乾隆时期的调整完善，整个坛墙制度最终形成，成为现在天坛的面貌。坛内的主体建筑，除祈年门和皇乾殿是明代遗物外，大部分在清乾隆、光绪时都曾重修改建。

突出的文化特色

天坛的布局、建筑设计及祭祀仪式等，都基于将数字和空间组织与天及其与地上人民的关系联系起来的古代信条，而皇帝作为"天之子"斡旋天人关系。作为中国唯一完整保存下来的皇家祭坛，也是世界现存最大的祭天建筑群，天坛是所有祭祀建筑中最具代表性的杰作，凝练了中华民族敬天文化的精髓，更将中国古代文化体现得淋漓尽致。

天坛由内外两道坛墙围合而成，从空中看，呈现一个"回"字形。因为最初是天地合祀，北部祭天，南部祭地，因此建筑平面形态北部呈半弧状，南部是长方形，即南面坛墙转角是直角，北面坛墙转角为圆弧形。北圆南方，是天坛象征性布局的突出表现，体现了古人"天圆地方"的宇宙观。

敬天文化中所蕴含的以"天人合一"为核心的哲学思想，对中华文明的发展产生了深远影响。"天人合一"注重天人之间、自然与人为之间的辩证统一，成为后来中国传统文化处理天人关系的根本原则和主导思想，并积淀成天坛文化的坚实内核。天坛圜丘是展示中国传统敬天文化的重要区域，皇帝每年冬至要到此祭天。圜丘坛有4座坛门，坐落于东、南、西、北4个方向，分别为泰元门、昭亨门、广利门和成贞门。4座坛门的名称中间一字取自《周易》乾卦的卦辞"元亨利贞"，据说其意分别代表一年中的春夏秋冬四季。古人从春夏秋冬四季的更迭中体会天体的运动变化，通过祭天活动表达顺应天时和感恩祈福，"天人合一"的哲学思想通过坛庙建筑得到完整而巧妙的体现。

另外，天坛的建筑与景观设计旨在塑造天上宫阙的独特体验：祭祀建筑多建于高台之上，又以多重蓝色琉璃瓦屋顶象征天际之意。南北轴线上以高出地面数米的丹陛桥将主要祭祀建筑联系起来，自南向北高度逐步提升，形成不断接近天际的视觉效果，表示上到天庭需要经过遥远和漫长的路程。主要建筑都是圆形，以象征天，而圆形建筑简单、明确的形体，加上统一的色调，形成庄严肃穆的祭祀氛围。

天坛圜丘坛

逐步推进保护进程

1912 年以后，天坛不再作为皇家祭祀建筑使用，并于 1918 年被辟为天坛公园向公众开放至今。天坛集明清建筑技艺之大成，是中国古建珍品。1961 年，被列为全国重点文物保护单位。

由于历史原因，天坛内外坛长期被一些工厂、学校和成片居民住宅占用，市内各处挖防空洞的渣土在天坛内堆起高大的土山，内外坛之间先后营建了较大规模的天坛医院和口腔医院，占据了历史上天坛"圜丘门"的出行通道。与此同时，在南外坛的大片区域内逐步形成有百余座多层建筑的楼房小区。大量的经营单位、居住人口和自由市场的出现，加上缺乏必要的市政设施，使得这一区域的居住条件和卫生环境日益恶化，常常垃圾遍地，污水横流。历史上天坛"祈谷门"外侧曾道路宽阔，后来也全部被私搭乱建的各类低矮破旧的民居、店铺占据，环境非常杂乱。

天坛在历史上的坛域面积为273万平方米，但是被占用面积最多时曾达100余万平方米。这种情况使天坛坛域格局由"回"字形变为倒"凸"字形，神乐署、牺牲所、御路等重要历史建筑损毁严重；大部分外坛墙因被"蚕食"而消失，最少时仅存80米，且破败不堪。天坛"天圆地方"的历史格局和文化寓意被人为切断，被占压的坛域遗迹安全受到威胁，物质空间和文化意义上的完整性遭到破坏。

20世纪90年代以后，天坛保护问题引起社会的广泛关注，相关部门开始加大天坛环境整治力度，先后完成天坛土山的搬运、坛内的占用经营单位的清除、北坛墙外围的商业市场的搬迁、占用天坛神乐署的住户的疏散等。为了恢复天坛的历史风貌，从1995年开始实施坛墙恢复工程，先后完成了天坛东北外坛坛墙、北外坛坛墙西段、西南外坛坛墙和内坛墙的复建，使6000多米的内外坛墙得以恢复。与此同时，神乐署、北神厨、北宰牲亭等古建筑的维修保护工作逐一开展，使天坛内现存的主要文物建筑基本得到修缮。

1998年12月5日，天坛被正式列入《世界遗产名录》。天坛申报世界文化遗产成功20多年来，一直继续有计划、分阶段全面推进天坛文化遗产保护。从21世纪初开始，位于西北外坛、东北外坛的中山花圃、园林学校、花木公司等陆续实现搬迁腾退，腾退面积近20万平方米。按照世界文化遗产真实性、完整性要求，天坛祭天文化的传承脉络和丰富的历史信息逐渐清晰地呈现在世人面前。

在天坛公园西南角有一家北京园林机械厂，其前身是1951年成立的北京园林机械修配厂。1967年北京园林机械厂成立，是当时全国仅有的4家园林机械厂之一，主要生产和维修各种园林设施。2007年，北京园林机械厂被撤销后归入天坛公园，其建筑一直被保留，并被作为办公用房使用。2019年，北京园林机械厂区域实施整体搬迁腾退。经过环境整治后，终于恢复其原有历史风貌，按照规划沿坛墙设置步行道，形成环形游览空间，开始正式接待游客。至此，天坛再添新景区，这一区域70多年来首次向游客开放。

调研中，天坛公园原园长李高指着一大片绿地说，那里原来就是北京园林机械厂的厂区，处于天坛世界文化遗产核心保护范围内，区域包含内坛墙、广利门和舆路等天坛历史遗产本体，整个厂区占地面积约3.77万平方米。历史文献曾记载，皇帝在圜丘祭天前一日到达天坛，先到皇穹宇内的皇天上帝和祖先牌位前上香行礼，再到现场察看祭祀场地和祭品情况，然后从广利门出来转往斋宫斋戒，次日开始举行祭天大典。也有记载说，皇帝完成祭祀活动之后，经由广利门东侧的舆路，穿行广利门回紫禁城。

在70多年的时间里，北京园林机械厂在这片区域偏安一隅，与周围封闭隔绝，整个公园内坛的路到这里也成为断头路，游客根本进不来。20世纪50年代中期，广利门的3座拱券门被辟为鸡舍，之后又被作为库房存放材料。广利门长期封闭，祭祀舆路断行，坛墙倾颓荒疏，文物古建无人过问修缮。废弃的厂房与城市发展及人们的观念格格不入，如同文物古迹身上的一块伤疤，这扇灰色暗淡的铁门不仅仅阻拦了游客的脚步，更阻断了文化遗产的文脉气韵和完整格局。

为确保文物本体免遭进一步毁坏，2015年公园腾空了被作为库房的广利门，进行保护性隔离封闭。2018年4月，广利门及南坛墙修缮工程正式开工。主要包括：对广利门屋顶进行了局部挑顶修缮，按照原规制恢复琉璃瓦件屋面，清理台基；对碱蚀严重的城砖进行剔补，墙身重新抹灰；对大门各部完成修整，补配门钉，重做地仗油饰。同时，对广利门东侧的祭祀舆路遗址也进行了恢复。如今，这一区域在株行有距的常青树木掩映下，红墙碧瓦，色彩亮丽，坛门厚重端庄，坛墙和祭祀舆路开阔地向远方延展。

历史上广利门南面坛墙有穿墙门，门内有砖影壁，此门称为走牲门，为祭祀牺牲通行使用，是联系外坛牺牲所的通道。随着外坛被占，牺牲所近乎无存，穿墙门被封闭，影壁也被拆除。此次修缮工程顺利竣工后，曾经长期"不务正业"的广利门和面目全非的坛墙终于被"亮"了出来。此外，北京园林机械厂厂区内还有一片职工宿舍需要腾退。当时以为都是本厂职工，腾退工作可能难度会小一些，但是真正做起来以后困难还是挺大，情况也比较复杂。当时，感觉因公负伤的马树立师傅应该是最难说服的，只要他肯搬迁腾退，其他人就问题不大了。

在天坛广利门前，我见到了天坛退休职工马树立师傅，了解他们一家的搬迁经历，以及广利门附近文化景观的恢复情况。马树立师傅出生于1957年，从小就在天坛周边长大，曾在广利门坛墙西侧的中学读书。当年学校的历史老师就对学生们说，咱们学校占的是文物保护单位，旁边广利门就是文物，文物不应该被破坏，那是遗址，需要被保护。马树立师傅作为知青，1978年参加工作，在天坛公园工程队负责公园内部维修，但是刚工作一年半就发生了意外造成截瘫，胸椎以下不能动，需要坐轮椅才能出行。马树立师傅是因公受伤的天坛老员工，天坛公园对马树立师傅的生活给予了各方面的关照和保障。

1980年8月，天坛公园分配给马树立师傅一个近200平方米的平房小院，位于天坛南坛墙附近。这样他坐着轮椅出了平房小院就是天坛公园绿地，可以随便溜达，生活比较方便，同时父母可以和他住在一起加以照顾。在这个平房小院一直住了38年以后，他们遇到了天坛环境整治。像马树立师傅这种状况，如果搬到楼房居住，乘坐轮椅的他就会很不方便。因此，从内心讲，他不情愿搬到五环外的安置房。但是马树立师傅知道天坛整体保护是国家和北京市的大事，文化遗产腾退是必然趋势，同时补偿标准也符合他的要求，于是带头同意搬迁。马树立师傅说："搬家那天10分钟的路程我走了一个小时，挺不舍得离开这里。但是我知道，个人利益要服从国家利益，只有我们搬走了，这一片区域才能恢复它原来的面貌，也是为天坛申报世界遗产做了自己的贡献。"

如今，北京园林机械厂区域腾退完成并恢复原有风貌，使天坛广利门、内坛墙、祭祀舆路等历史遗迹和所承载的文物信息得以直观呈现。天坛公园本着对游客最大化开放原则，搬迁腾退后的区域作为游览空间向游客开放，新开放面积3.2万平方米。

今天，我们站在天坛内坛的广利门下，举目远望，高大的坛墙向北、向东延伸，再无遮拦。在圜丘4座坛门中，除了广利门得到维修保护外，位于东边的泰元门也受益于中轴线申报世界文化遗产而得到腾退修缮。现在4座坛门遥遥相望，圜丘坛重现了过去的格局。

是遗产保护，更是传统文化保护

遗产保护本身更多地被视为保护一种文化传统。特别是对天坛而言，就包括它历史上的祭祀音乐、仪式规制、相关的可移动和不可移动文物等世界文化遗产价值。据李高介绍：1913 年的冬至，袁世凯穿着周朝的服饰在天坛举行的祭天仪式，是中国历史上最后一次祭天仪式，也是中和韶乐在历史舞台上的最后一次演出。2004 年，天坛神乐署腾退修复完成后，时隔近百年，中和韶乐重新出现在世人面前。

天坛在被列入《世界遗产名录》的同时，中国向国际社会做出庄严承诺，将于 2030 年恢复天坛完整格局。明确"第一级为核心保护区，即目前的天坛公园，包括庙宇、古建筑、树木及整体原貌。保护区内不得兴建现代建筑；根据保护规划，保护区内的现代建筑应于 2000 年之前予以拆除，其中主要涉及商业建筑；保护区内只允许实施绿化工程和防火道路的建设。第二级保护区域为一般性保护区域。区域内不得兴建新建筑；根据保护规划，须逐步拆除非古代建筑，以树木代之；此项工作应于 2030 年全部完成"。

天坛作为坛庙，历史上有"内仪外海"的规制，在内坛种植的树木要求株行有距，称为"仪树"。因此，天坛公园对腾退拆除后的大片空白区域进行绿化改造时，以 5 米为间距，按规则行列种植常绿桧柏，并与周边原有绿植景观融为一体，营造出"苍璧礼天"的祭坛风貌和广袤苍茫的"郊祀"意境，体现了古人崇尚自然，追求"天人合一"的理念。考虑到开放后游客在这一区域游览的便利和体验，公园沿内坛墙设置了游览步道。游客行走在游览步道上，沿途观赏翠柏的仪态，感触坛墙的尺度，穿越祭祀舆路与历史对话，风吹过路两边苍翠的柏树，仿佛在讲述天坛过去和未来的故事。

天坛成功申报世界文化遗产以来，北京市政府和社会各界为天坛完整保护付出了极大的努力，取得了众多积极的成果。但是非常遗憾，由于历史原因，目前天坛外坛仍有大片坛域被不同的单位和住户占据，距离全面完整领略天坛世界文化遗产风貌的目标还有很大差距。

李高说，天坛现在就像是一个"蘑菇"，而它的历史真实情况，应该是清乾隆时期的历史规制，即"外方内圆"。由于外坛的残缺，天坛"天圆地方"的格局体系在完整性、真实性上无法实现，很多历史信息因其载体的湮灭而归于沉寂。因此，我们必须通过不懈努力，加强天坛文物保护，早日恢复天坛原貌，实现遗产的完整性、原真性，只有这样，才能在 2030 年恢复天坛坛域景观风貌，重现清乾隆时期的规制，为中轴线申报世界文化遗产发挥重要的积极作用。

北京中轴线成功申报世界文化遗产，这一里程碑事件为天坛遗产保护开启了历史性的新机遇。当前，天坛周边的天坛南里、天坛西里拆迁工作正迅速推进，此进展为天坛坛墙的保护修缮创造了极为有利的前提条件。

天坛西坛墙复建工程作为南中轴路的关键构成部分，在推进过程中，相关团队秉持严谨的态度开展工作。先是通过细致认真的勘查，精准地定位到西坛墙原本的坛墙基础，随后严格遵循不改变文物原状的专业原则，正式启动西坛墙的修复工程，力求在保护文化遗产的同时，传承其历史价值与文化内涵。为了展示天坛古老庄重的氛围，坛墙复建工程所需的 30 多万块城砖，全部按老城砖制式烧制。由于坛墙损坏严重，天坛西坛墙复建达 800 多米，修复只有 60 米。

在坛墙修缮过程中，按原规制、原材料、原工艺做法进行施工。坛墙墙帽全部挑顶修缮，揭除原有混凝土墙帽构件，按原规制恢复木椽杆，挂檐板、垫板、望板，恢复削割瓦绿琉璃剪边瓦面及琉璃正脊、垂脊。墙身在保持现状的基础上，对表面酥碱严重的砖体进行剔补，对局部开裂鼓胀的墙体拆除重砌，其余墙面砖清理保护后重新勾抹灰缝，同时对墙体随地形高度加做仿城砖散水。复建后的天坛西坛墙高 4.5 米，为了使墙体更加坚固，在施工过程中，坛墙向地下多加了 70 厘米地基，墙体中间用四丁砖填实。

天坛坛域仿若一位沉睡许久的历史文化巨人，在精心修缮与悉心呵护下，缓缓苏醒，重焕光彩。其历史文化价值似繁星汇聚，得以整体恢复与大幅跃升。往昔那神秘而庄重的祭天礼仪，不再仅存于晦涩的古籍记载，人们于此可感性触摸其温度，天坛礼乐文化亦不再是抽象的概念，而能生动地亲身体验。这一系列的修缮成果，对天坛历史文化遗产的保护而言，恰似坚固的堡垒，有力捍卫着其完整性与真实性，使其在岁月长河中屹立不倒。

试看那游客漫步其间，脚下的明清祭祀舆路，宛如一

天坛回音壁

条历史的丝带，轻轻牵扯出思绪的涟漪。脑海中，皇帝祭天仪仗的画面徐徐展开，浩浩荡荡的队伍，庄严肃穆的氛围，仿若穿越时空，在心灵的舞台上盛大重演。而那些修缮复原的坛门、坛墙、舆路等，恰是中国古人思想观念的艺术结晶。它们静静伫立，无声诉说着几千年礼乐文化传统的源远流长。它们是游客探索历史文化的新乐园，拓展出一片充满惊喜与感悟的游览空间，赋予游客独一无二的体验。它们更如文化的灯塔，散发着智慧的光芒，充分释放着文化遗产的社会教育功能，引领人们在历史的长河中溯源而上，在文化的星空下思索前行。

先农坛

中国农耕祭祀文化的载体

始建年代：始建于明永乐十八年（1420）。

地理位置：位于北京市西城区永定门内大街西侧。

功　　能：明清时期皇帝祭祀先农神及举行耕耤礼的场所，承载着中国古代皇家祭祀先农的礼仪传统和农耕文化。

先农坛始建于明永乐十八年（1420），原称山川坛，祭祀先农、社、稷、风、雨、雷、太岁与名山大川，因此也采取了与天坛类似的建筑平面形态。明清皇帝每年会到先农坛祭祀诸神，祈祷神灵保佑、国泰民安，并象征性地亲耕"一亩三分地"，以示重视农事，与民同耕，祈祷丰年，体现了封建社会"重农事""以民生为本"的传统发展理念。

先农坛是全国祭祀等级最高、规模最大、保存最完整的古代祭农场所。最初是仿照南京山川坛而建造的北京山川坛。明嘉靖十一年（1532），坛内修建天神坛、地祇坛，改建山川坛为太岁坛，专祀太岁，清初改称先农坛。先农坛的祭祀活动一直延续至1911年。1915年，先农坛外坛北侧作为公园对外开放，于1918年更名为城南公园。1991年，北京市古代建筑博物馆在先农坛内成立。如今，先农坛作为博物馆对外开放，展示着中国古代建筑与传统的农耕文化。

主要建筑

《礼记·祭统》记载："天子亲耕于南郊，以共齐盛"。先农坛位于北京老城外城的西南隅，其选址沿袭了南郊亲耕的传统，与天坛以北京中轴线东西呈对称布局。先农坛占地130万平方米，分为内坛与外坛。内坛位于外坛的南侧偏西，为长方形院落。内坛为祭祀太岁和先农的礼仪空间，也是皇帝亲耕的地方。坐落于内坛中轴上的太岁殿建筑群，及其南侧的先农坛台、观耕台与耤田为主要祭祀场所。内坛还设有3组为祭祀活动服务的设施，分别是太岁殿南侧的具服殿、东侧的神仓建筑群、西侧的神厨建筑群。外坛则包括天神地祇坛以及作为斋宫使用的庆成宫。外坛坛墙在历史上呈现与天坛相似的北圆南方形态。

太岁殿建筑群占地面积约为 9076 平方米，建筑体量为先农坛之最，是由东西配殿连接太岁殿与拜殿围合成的一座气势非凡的四合院落。太岁殿，又名太岁坛，位于先农坛东北，是中国现存的祭祀自然神祇太岁神的最大、最完整的祭祀场所。明嘉靖以前，太岁、风云雷雨、山岳海渎等神灵都在此供奉，嘉靖十一年（1532）开始专祀太岁。太岁殿为先农坛内最大的单体建筑，坐北朝南，面阔 7 间，进深 3 间，室内高度 15.97 米，通宽 52 米，通进深 24 米。单檐黑琉璃绿剪边歇山顶，柱和梁之间采用单翘重昂七踩鎏金斗栱，外面绘制的是金龙和玺彩画，内侧用墨线大点金旋子彩画装饰。殿前有三出石阶，各 6 级。殿内置一汉白玉须弥座，即"太岁坛"。明清时期，每年冬至或翌年立春及遇到水旱灾害时，都要在此举行祭祀太岁的活动。东西配殿各 11 间，前出廊，有 4 级石阶。拜殿为太岁殿院落的穿殿，面阔 7 间，进深 3 间，明清时期，祭祀官员们会在此祭拜太岁。此外，拜殿外东南侧有一砖仿木结构无梁建筑——焚帛炉，正面设有 3 座大小不同的拱券门，是祭祀时焚烧纸帛祭文的地方。

先农坛台位于开放的古坛区内，坐北朝南，为砖石结构一层方形平台，边长 15 米多，高 1.5 米，四面各建有 8 级台阶。清乾隆时重修，为露天祭祀先农的专用祭台。明清时期，仲春时节皇帝亲临或遣官来此拜祭先农。祭祀时，坛上设黄色帷帐，内供先农神位。祭祀后皇帝到"一亩三分"的耤田中行耕耤礼，扶犁亲耕。

观耕台、耤田和具服殿位于太岁殿南侧。观耕台是皇帝观看王公大臣耕作之处，初为木结构，清乾隆十九年（1754）改为砖石结构，台为方形，须弥座形制，以黄绿琉璃砖砌筑，装饰精美，东、南、西三面各有台阶 9 级，四周有汉白玉栏板。台南是皇帝亲耕耤田，即"一亩三分地"。亲耕时，皇帝右手扶犁，左手执鞭，明制是往返犁 4 趟，清制为往返 3 趟，然后从西阶登观耕台观耕。台北大殿为具服殿，坐北朝南，面阔 5 间，单檐歇山顶绿琉璃瓦木结构，是皇帝亲耕之前的更衣之所。

神仓原为明代旗纛庙，清乾隆十八年（1753）改建为神仓。明清时期，用以存储皇帝亲耕的耤田收获的粮食，这些粮食作为祭品用于京城皇家坛庙的祭祀。为完好存储这些粮食，在神仓建筑上采取了一系列措施，如使用雄黄玉（三硫化砷）彩画，该颜料有剧毒，可以驱虫；为便于通风换气，防止谷物发霉，在仓房上都开有气窗。

先农坛神仓和收谷亭

神厨建筑群始建于明永乐十八年（1420），是祭祀先农坛内诸神时准备牺牲祭品及存放先农神牌位的地方。由正殿神版库、东配殿神库、西配殿神厨以及 2 座井亭组成。正殿用以供奉先农神牌位，东配殿用以存放祭祀和亲耕用品，西配殿用来准备、制作祭祀食物，进门两侧各有一井亭，是做祭品时的取水之处。井亭均为盝顶，中心空置与亭内井口相对，意为天地一气，同时方便取水采光、长杆清理等。穿过神厨院落即为宰牲亭，这是祭祀先农坛内诸神时宰杀牺牲（古代用于祭祀的动物）的地方。室内正中心有一洗牲池，池上下都有排水口，宰牲过程中产生的毛血等物可流入其中。宰牲亭的屋顶形式为重檐悬山顶，这种形式在国内现存的明代官式建筑中实属罕见，被誉为"明代官式建筑中的孤例"。

天神地祇坛，原址位于内坛南门外，是天神坛和地祇坛的合称，根据典章制度改革的需要而建于明嘉靖十一年（1532），用以供奉风云雷雨、山岳海渎等神灵，以祈求风调雨顺，保佑农业的丰收，为中国古代重农尊祖思想的体现。天神坛有石龛 4 座，分别是风、雨、雷、云四神。地祇坛有石龛 5 座，其中 3 座雕刻成山形，代表五岳、五镇、五山之神，2 座雕刻成水纹形式，代表四海、四渎之神。原天神坛、地祇坛形制已无存。两坛各仅剩石棂星门，均为六柱三门式。目前尚有的保存完好的地祇坛石龛座被移入博物馆内，以绿色植物示意地祇坛原有形制，再现地祇坛昔日风貌。

庆成宫始建于明天顺二年（1458），位于先农坛外坛东侧，原名斋宫，是皇帝祭祀亲耕前斋戒的地方。清乾隆二十年（1755），改称庆成宫（庆祝祭祀顺利完成），成为皇帝行耕耤礼后休息，以及犒赏随从百官、行庆贺礼的地方。庆成宫前后大殿屋顶均采用庑殿顶，是先农坛里营造等级最高的建筑。

先农坛拜殿内的北京隆福寺毗卢殿明间藻井

文化体现

先农祭祀是中国传统国家礼仪中重要的组成部分，展现了中国古代社会对农事活动与农耕文化的重视。明清两代，先农坛核心祭祀对象是先农之神（炎帝神农氏）与太岁月将（每岁值岁之神与值守十二月之神）。神农氏传说是最早教给中国先民开垦土地、种植谷物的人，为了感谢他，后人将其奉为神明，祈愿农业丰饶。在进行先农祭祀时，皇帝不仅要祭拜先农，还需要亲自耕地，宣扬重农、劝农的精神，并观赏王公大臣耕地。先农坛作为现存中国古代规模最大的皇家祭祀农神之所，展现出中国传统社会对农耕文化的尊重，承载着明清两代国家祭祀先农的礼仪传统。

先农坛的建筑风格一反中国古代传统建筑"中轴突出、两翼对称"的布局原则，根据帝王祭祀活动的实际需要，分为各个独立建筑群。先农坛中的主要祭坛皆为方形平面，与天坛圜丘坛和祈谷坛的圆形平面形成对比关系，构成以北京中轴线对称布局而又在建筑形态上形成对比关系的两组国家祭祀建筑群，体现出中国传统都城规划对礼仪的尊重与强调。

亲耕耤田是先农坛重要的文化空间和文化景观。在以农立国的封建时代，历朝帝王都将农业置于重要地位，农事丰歉关系着经济兴衰，关系着一个王朝能否长治久安，因此亲耕活动既是皇帝体恤民生的象征，又是其重农务耕思想的体现。在古代，一三五七九被视为阳数（奇数），一和三为阳数中最小的两个数。皇帝有天子身份，既要亲耕但不能过于劳累，因此设定了一个最小土地面积作为耤田，意为"示范性耕耘"，故为"一亩三分"。先农坛耤田遗址承载着丰富的历史信息，它不仅昭示了中华民族以农立国的治国之本和悠久的重农传统，还展现着数千年农业文明古国的悠久历史与蓬勃发展。

整治保护

先农坛建筑大部分为明代所建，清代有少量添建和迁移。民国时期外坛墙被拆毁，之后天神地祇坛大部分被毁坏，其余古建筑保存完好。在进行天坛世界文化遗产区域环境整治的同时，先农坛区域也开展了环境整治。

亲耕耤田长期以来一直是北京育才学校的操场。为此，社会各界强烈呼吁恢复这一仅有的历史景观。终于，在 2018 年，"一

先农坛举办秋收体验活动

亩三分地"重新收归先农坛所有。2019 年秋天，先农坛"一亩三分地"百年来首次再现农业秋收景象，金灿灿的谷穗压弯了腰，随风唱着丰收的歌谣。人们能在二环路里体验耕种，感觉很奇妙。2022 年 12 月，因中轴线申遗保护工程施工，北京古代建筑博物馆闭馆进行馆内文物古建修缮。历时半年多，2023 年 7 月 18 日，

坐落于先农坛的北京古代建筑博物馆重新对社会公众开放。开放区域的古建馆以崭新面貌亮相，其中宰牲亭系首次与公众见面。

如今，根据北京中轴线南中轴路整治工程的总体安排，已完成了天坛、先农坛坛墙的复建，以及主要道路、桥梁和相关市政设施的建设及绿化，初步形成了整体景观。作为未来北京城区一条重要的景观大道，绿化形式也力求与中轴线的景观相协调。在这一地区种植了油松100余株、圆柏200余株、草坪3万多平方米。与以往的大面积草坪不同的是，草坪内铺设了方便市民游览的草间小路，可以让市民尽情地徜徉其中。

太岁殿内的隆福寺藻井堪称稀世珍宝。它诞生于明代，整体构造分为6层，底部由铜铸四大天王稳稳托举，之上彩云间立有罗汉，再往上的中层是精雕细琢的琼楼玉宇般的天宫景象，宫阙之下绘有二十八星宿神像，宫阙之中仙人天女栩栩如生；最顶部则是一幅包含约1400颗星的星象图。其不仅在艺术领域美轮美奂，是艺术珍宝，对于建筑史和天文史也有着不可估量的宝贵价值。这一国宝原本位于北京隆福寺大殿顶部，然而唐山大地震致使隆福寺遭受不同程度的损毁。鉴于其极高的价值，当时的文物工作者决定将藻井拆除并存放于北京黄寺。直至1991年北京古代建筑博物馆正式对外开放，藻井移至馆内，成为当之无愧的镇馆之宝。

先农坛历经600余年兴衰变迁，其角色从昔日皇家祭祀坛庙，转变为民国时期大众公园，中华人民共和国成立后又成为学校、古建筑博物馆，如今历史遗迹重现。它浓缩了华夏民族重农固本的深厚历史文化内涵，是展示中国农耕文明的关键窗口，承载着厚重的历史记忆与文化传承意义。

正阳门

老北京城垣建筑的代表之作

始建年代：始建于明永乐十七年（1419）。

地理位置：位于北京城南北中轴线上的天安门广
场最南端，东城区前门大街北端。

功　　能：明清时期皇城的重要门户，也是古代
帝王举行重要仪式的场所，同时是京
城防御的关键一环。

正阳门始建于明永乐十七年（1419），因其位置位于皇城的前面，被人们习惯性地称为"前门"。正阳门坐落于天安门广场南端，由南北纵列的城楼与箭楼两座高大建筑构成，城楼居北，箭楼居南。从城楼上向北可俯瞰天安门广场，从箭楼上向南可俯瞰前门大街，遥望永定门城楼。作为明清两代内城的正南门，正阳门具有极高的国家礼仪象征意义，建筑规模和形制等级高于其他城门，为老北京城垣结构的标志性建筑。

正阳桥与牌楼

老北京人常说"四门三桥五牌楼"。四门是指正阳门的城楼门洞、箭楼门洞、瓮城两侧的东西闸楼各一个门洞。而京城其他八门均只有两个门洞，即城楼门洞和瓮城单侧闸楼的门洞，箭楼皆无门洞，只具备防御堡垒的功能。三桥指箭楼前方护城河上的正阳桥。五牌楼指正阳门前那座"六柱五间"的跨街牌楼。

京城九门均建有牌楼，其中正阳门牌楼规格居首。其初建时采用木质结构，由 6 根冲天柱并列排布，构成五开间样式，又因整体造型呈现五间六柱五楼的形式，故而得名五牌楼。该牌楼正中开间的中线恰好与城市中轴线重合，且中间开间最为宽大，两侧开间依次递减。

现今，五牌楼矗立在前门大街北端。其南面题有"正阳桥"3个字，由此可知，这座五牌楼曾是正阳桥的附属建筑，亦属于地标性建筑。"正阳桥"3 个字，在清代由满汉两种文字书写，至民国重建后，仅留存汉字。

从历史照片与文献记载来看，正阳桥体量庞大，宽度超 30 米，为三券石桥。其宽阔桥面被栏杆划分成三路通道，中间通道正对箭楼门洞，即御道，仅供皇帝专用，两侧供平民车马通行，"三桥"

之称便源于此。桥身宽阔是因为其下的前三门护城河乃明清北京内城关键的护城河。文献记载显示，正阳桥桥面中心点距前门箭楼约 58.5 米。

正阳桥在 1919 年大修后，桥拱变为钢筋混凝土结构，1955年被拆除，2008 年于原址按原状重建。早在 1992 年修建正阳门地下通道时，正阳桥曾被挖出，出于保护目的又被填埋地下；前门大街修建时，正阳桥东南角镇水兽出土，同样被考古专家掩埋保护。如今，编制正阳桥历史景观规划以展示其整体风貌，需开展前期考古调查，先明确正阳桥位置，进而判断河道位置，结合正阳桥与护城河保护规划来展示历史景观。后续期望人们不仅能看到标识，更能目睹正阳桥与护城河本体，这就需要进一步推进考古发掘与遗址保护工作，以完整地重现这一历史遗迹的风貌与价值，使其在现代社会中延续历史记忆并彰显文化意义。

巍巍正阳门

正阳门元代时称丽正门，初建时仅有城门。明正统元年（1436）重建城楼，增筑箭楼、瓮城以及东西闸楼，至正统四年（1439）竣工，改称正阳门，并于箭楼以南建造正阳桥与牌楼。故正阳门是集城楼、箭楼、闸楼、瓮城等于一身，与内城南城垣连为一体，外有护城河围绕的完整的古代防御性建筑体系。

箭楼为砖砌堡垒式构造，采用重檐歇山式屋顶，上下共有 4 层。首层平台围有汉白玉栏杆，顶铺灰筒瓦，并以绿色琉璃瓦剪边装饰。北出抱厦 5 间，东、西、南三面墙及两檐间设有箭窗 4 层共94 孔。在战争时期，守城的士兵可以通过箭楼上的射孔向下射箭，以防御外敌入侵。箭楼通高 35.94 米，宽 50 米，进深 24 米，台基正中辟门，是内城九门中唯一开设门洞的箭楼。明清时期，此门仅供皇帝在仲春亥日去先农坛祭祀先农神以及冬至去天坛祭天时通过，俗称"走龙车"，日常掩闭不开，官民需要从瓮城东西闸楼下的侧门出入。

正阳门城楼与箭楼之间建有瓮城，以似半月形的城墙将两楼相连，形成了一块南北长108米、东西宽88米的空地。瓮城内是空场、铺舍、东面的关帝庙和西面的观音庙。京城九门的城门内都建有象征守护意义的庙宇，但只有正阳门的瓮城内建有2座庙宇，故有"九门十座庙"的说法。正阳门箭楼与瓮城在历史上的主要建造目的在于保卫内城。瓮城具备特殊的军事功能，可以作为出兵或撤退开启城门时的防御缓冲地带。然而，不管是庙宇、瓮城城墙还是东西闸楼，如今都已看不到了。

正阳门城楼坐落在上窄下宽的砖砌城台上，城台正中开一拱券式门洞。城楼面阔7间，进深3间，灰筒瓦绿色琉璃瓦剪边，重檐歇山顶三滴水式结构。其上的朱红楼阁分为上层和下层，上层前后檐为菱花格槅扇门窗，下层为朱红砖墙。城楼与城台通高

正阳门箭楼

在正阳门箭楼上拍摄的正阳门城楼

42 米，为北京九门中最高者，表明其为国都正中的城门楼。

自建成后，正阳门的建筑群屡经劫难，经历了数次焚毁与重建。受损最为严重的一次是在清光绪二十六年（1900）的"庚子事变"中，义和团为扶清灭洋，抵制洋货，火烧正阳门大栅栏的西药房，却不承想，大火殃及箭楼。2 个多月后，八国联军攻入北京，英、美侵略军用炮火毁坏了正阳门城楼楼顶和箭楼，驻扎在瓮城内的英军所雇印度兵在正阳门木质结构的城楼上做饭，不慎失火，烧毁了城楼。当时清政府内忧外患，为了迎接逃往西安的慈禧太后和光绪帝回銮，工部只得暂时"于大楼之前面扎彩架 5 间，箭楼之前后面各扎彩架 3 间，彩上横额标题正阳门字样，以壮观瞻"。后续修复工程经费不足，只能从各省筹措银两，耗时 3 年才得以将正阳门箭楼与城楼修缮完毕。

民国时期，由于正阳门附近商业繁荣，加之京汉铁路正阳门西车站和京奉铁路正阳门东车站相继建成，正阳门地区成为近现

前门火车站（20世纪初）

代北京对外交通枢纽，周边区域交通流量剧增，行人、车辆来往众多，正阳门的几个门洞已经难以承受如此通行压力，道路堵塞经常发生。1915年，受民国政府委托，由德国建筑师罗克格负责改造设计，拆除瓮城及东西闸楼，于城楼左右各开两座券门以通车马，这使得该地的交通状况有了很大改善。同时改建箭楼，如在东西两侧加筑了悬空的白色月台，北面修筑了两组可以登上箭楼的"之"字形楼梯、水泥平座护栏和箭窗遮阳，月墙断面增加西洋式花饰，使其呈现出浓郁的中西合璧式样貌。改造中，还使用了当时世界上最新型的建筑材料——钢筋水泥，使得正阳门箭楼由此成为中式结构与西方元素相结合的标志性建筑。此次改造，是北京中轴线上公众化进程的重要见证。

　　中华人民共和国成立以后，曾对正阳门城楼和箭楼进行过多次不同规模的保养和修缮，现已成为天安门广场整体布局中的一景。1990 年和 1991 年，正阳门箭楼、城楼作为博物馆先后对公众开放。

　　正阳门是明清时期集防御、城市管理与礼仪于一体的城门建筑群。正阳门下的御道专供皇帝南郊祭祀、南苑狩猎等活动使用。明清两代实行宵禁制度，城门随钟鼓楼的报时而启闭，以实现城市管理。作为北京内、外城城门中规模最大、形制等级最高的城门建筑，正阳门见证了中国传统城市管理方式。今天的正阳门，在保护和恢复原貌的基础上又重新进行了修缮和改建，它见证了从积贫积弱的曾经到中华人民共和国成立后翻天覆地的历史变

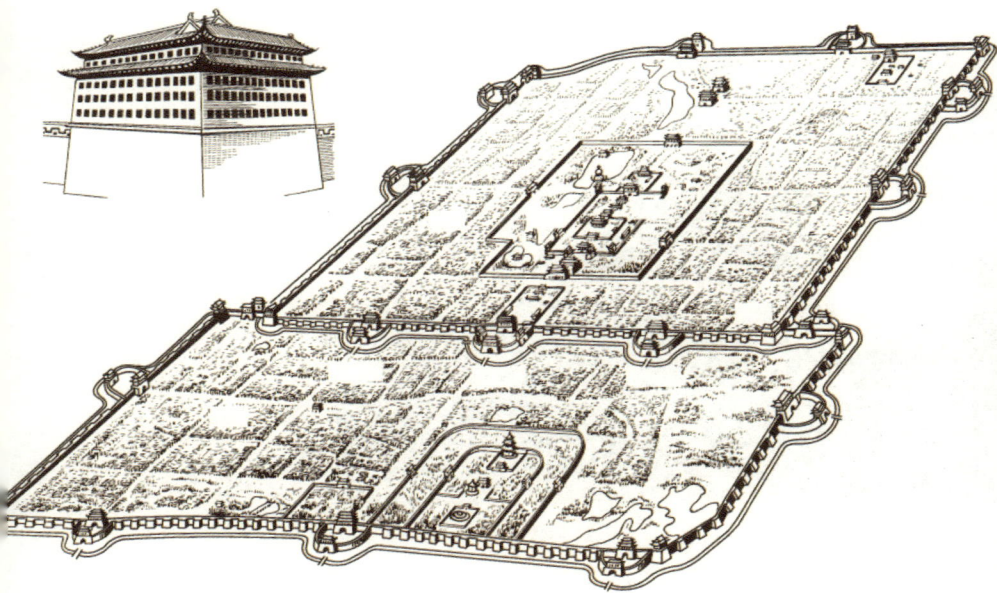

明北京城格局示意图

迁，展示了中华民族崛起过程中不屈不挠的精神意志。古老的正阳门既承载了北京厚重的历史文化，又在新时代焕发出勃勃生机与活力，成为北京中轴线上一道亮丽的风景。

正阳雨燕

正阳雨燕指的是繁衍、栖息在北京中轴线上古建筑的堂前檐下的北京雨燕，是北京地区一种常见的鸟类。正阳门是北京雨燕最大的繁殖地之一，故称其为正阳雨燕。因其喜欢在高大的木质古建筑（城楼）上安家，所以又称"楼燕"。1870年，英国著名博物学家罗伯特·斯温侯采集到北京的一只雨燕，发现这是一个新物种，就在原来的种名上又加了个亚种名，称其为普通雨燕北京亚种，即北京雨燕。北京雨燕是全世界唯一以"北京"命名的雨燕科物种、国家一级重点保护野生动物。

修缮后的北京正阳门箭楼

因古建筑中梁、檩、椽交错的缝隙是理想的繁殖之地，多年来，北京雨燕栖息与古建筑保护的矛盾层出不穷。为此，北京中轴线遗产保护中心通过科学观察和检测，证实了北京雨燕的粪便和巢穴对古建筑木结构及油饰彩绘没有破坏力，为北京雨燕的保护提供了科学依据。

千百年来，北京雨燕往返于北京与南非之间——每年的四月初，它们都会从遥远的南非经古丝绸之路飞回北京，到了七八月份，再原路返回，迁徙过冬。春夏之际，红墙碧瓦、楼阁高台上雨燕相互竞逐、悦耳鸣叫，已经成为北京独特的乡土记忆与文化符号。正阳门城楼始终是北京雨燕的家，这离不开越来越多的人对历史文脉的研究和对北京古建筑的保护。北京雨燕不仅是北京城市的文化符号，也是北京中轴线上的"活态文化"之一，中轴线申遗推出的首个数字形象，正是北京雨燕。它也是 2008 年北京奥运会吉祥物福娃之一"妮妮"的原型。

天安门广场及建筑群

中国城市规划和建筑发展里程碑

始建年代：始建于明朝永乐年间。

地理位置：位于北京市中心的东城区长安街，
处在北京中轴线的核心位置。

功　　能：国家重大政治活动和庆典的举办地，
也是人民文化活动的重要场所，以及
国内外游客参观游览的重要景点。

天安门广场及建筑群位于北京中轴线的核心位置。其范围南至正阳门城楼，北至天安门城楼，东至中国国家博物馆，西至人民大会堂。天安门广场最初形成于明代，原为由"丁"字形长廊围合而成的宫廷广场，为强化中央集权的国家体制，依照"左文右府"的礼序布局的明清封建国家的最高权力机构，是举行盛大典礼和向全国发布政令等的场所，为皇家禁地，严禁民众通行。20世纪初期，为顺应时代和城市发展需求，原本封闭的宫廷广场被改造为民众可自由穿行、逗留的公共空间，成为今天天安门广场的雏形。

天安门广场南北长880米，东西宽500米，总面积达44万平方米。广场建筑群沿北京中轴线呈对称布局，东、西两侧分别为中国国家博物馆和人民大会堂两座公共建筑，人民英雄纪念碑和毛主席纪念堂两座纪念性建筑自北向南排列于广场中轴线上。天安门广场的规划格局延续了北京中轴线以中为尊、均衡对称的原则；丰富了北京中轴线的景观秩序，强调了北京中轴线在城市规划中的统领地位；广场两侧东西布置的简洁的现代建筑风格配以

民族传统样式装饰图案，展现了中国 20 世纪中叶公共建筑对民族风格的探索与创新，是中国现代城市规划和建筑发展的里程碑。

广场建筑

毛主席纪念堂

毛主席纪念堂坐落于天安门广场南端，是党和国家的最高纪念堂，是以毛泽东同志为核心的党的第一代中央领导集体的纪念堂，是全国爱国主义教育示范基地。

1977年8月30日，毛主席纪念堂在北京天安门广场落成

毛主席纪念堂与人民英雄纪念碑都是坐南朝北，面向天安门。毛主席纪念堂在正阳门与人民英雄纪念碑正中，距离均为 200 米。建造时考虑到站在天安门上、金水桥畔看毛主席纪念堂时，正阳门城楼大屋顶的轮廓不能与毛主席纪念堂的最高处重叠，又要考虑毛主席纪念堂的高度不能太高，不能有压过人民英雄纪念碑的态势。经计算与分析，最后将毛主席纪念堂通高定为33.6米。由此，人们漫步在天安门广场，从东南西北 4 个方向都可以观瞻毛主席纪念堂和人民英雄纪念碑。

毛主席纪念堂主体为长、宽各 105.5 米，高 33.6 米的正方形建筑，由基座、柱廊和屋顶组成。基座部分为双层镶有汉白玉栏杆的红色花岗石基座。44 根方形花岗岩石柱环抱外廊，柱间距按中国古建筑手法明、次、梢间距离依次递减，具有独特的民族风格。屋顶为棕黄色琉璃板装饰的重檐屋顶，葵花浮雕。建筑整体色调素雅。毛主席纪念堂的建筑装饰大量采用中国传统装饰图案，既保留了北京城市古典建筑的特点，又有民族风格的创新，与天安门广场整体环境氛围相呼应。

毛主席纪念堂平面布局为 3 层，地上 2 层，地下 1 层。一层由北大厅、瞻仰厅和南大厅组成。北大厅是举行悼念活动的地方，大厅中央是 3.45 米高汉白玉质地的毛泽东坐像，坐像背后墙上悬挂着绒绣壁画《祖国大地》。瞻仰厅是毛主席纪念堂的核心部分，庄严肃穆。南大厅墙面上悬挂有毛泽东亲笔题写的诗词《满江红·和郭沫若同志》手迹。二层由毛泽东、周恩来、刘少奇、朱德、邓小平、陈云同志革命业绩纪念室及宣教厅、藏品陈列室组成。毛主席纪念堂大门正上方汉白玉匾额上镌刻有"毛主席纪念堂"。

毛主席纪念堂于 1976 年 11 月 24 日奠基开工，1977 年 9 月 9 日举行落成典礼并对外开放。建造毛主席纪念堂是亿万人民的共同心愿，建设者们怀着对伟大领袖毛主席的敬仰、怀念之情，精心组织、设计施工，虽仅用 9 个月时间，却高质量地完成了这一独具民族风采的宏伟建筑。建造毛主席纪念堂所需材料得到了全国各地的支援，有大兴安岭的优质木材、珠穆朗玛峰的岩石标本、延安的青松、四川的枣红色花岗石、山东泰安的青花岗石等。正是全国各族人民一颗颗赤诚的心铸就了这万人景仰、光照千秋的不朽丰碑。

1949年9月30日举行的中国人民政治协商会议第一届全体会议通过决议，为了纪念在人民解放战争和人民革命中牺牲的人民英雄建立纪念碑。对人民英雄纪念碑的选址最初有3种意见：一是主张建在东单广场，一是主张建在西郊八宝山上，更多的是主张建在天安门附近。最后确定建在天安门广场的北京传统中轴线上，与天安门和正阳门距离基本相同。当天下午，在天安门广场举行了人民英雄纪念碑的奠基典礼，宣读碑文后，毛泽东主席首先亲手执铁锹铲土，以表达对于先烈的崇敬和悼念之情。

晨光中的人民大会堂和
人民英雄纪念碑

梁思成先生在致北京彭真市长的信中，详细阐述了他的设计意见，奠定了人民英雄纪念碑的建造方案，确定了"高而集中"为碑形原则，并组织设计人员归纳设计方案。经审查，初步选出了高耸的矩形立柱等3个方案，做成了比例1：5的大模型，并广泛征求全国人民意见。1952年8月1日，经过2年多的设计，人民英雄纪念碑正式动工。1958年5月1日，首都50万人欢庆"五一"国际劳动节，人民英雄纪念碑在万众瞩目下隆重揭幕。

高达37.94米的人民英雄纪念碑巍然矗立在天安门广场的中心区，由1.7万多块花岗岩和汉白玉砌成，其中最主要的约15米高的碑心石采自青岛浮山，这是中国建筑历史上极为罕见的完整花岗石。碑基面积3000多平方米。人民英雄纪念碑下层大须弥座束腰处四面镶嵌着8块巨大的汉白玉浮雕和2块装饰性浮雕，内容分别为"虎门销烟""金田起义""武昌起义""五四起义""五卅运动""南昌起义""抗日游击战""胜利渡长江""支援前线""欢迎人民解放军"。浮雕总长40.68米，以180个精心设计的人物形象反映了从鸦片战争到解放战争中国人民反帝反封建的革命历史。人民英雄纪念碑碑身坐南朝北，面向天安门。碑身两侧由五星、松柏和旗帜组成浮雕花环图案。碑顶为庑殿式顶。碑身正面碑心镌刻毛泽东主席题词"人民英雄永垂不朽"8个镏金大字；背面是毛泽东起草、周恩来题写的碑文：

三年以来，在人民解放战争和人民革命中牺牲的人民英雄们永垂不朽！

三十年以来，在人民解放战争和人民革命中牺牲的人民英雄们永垂不朽！

由此上溯到一千八百四十年，从那时起，为了反对内外敌人，争取民族独立和人民自由幸福，在历次斗争中牺牲的人民英雄们永垂不朽！

人民英雄纪念碑是天安门广场建筑群中第一个选址于北京中

轴线之上的纪念性建筑，是中华人民共和国的第一个公共艺术工程，承载着中华民族百余年来前赴后继、浴血奋战获得民族独立的光辉业绩。其位置的确定，对天安门广场的文化空间具有重大影响。1961年，人民英雄纪念碑被国务院公布为第一批全国重点文物保护单位之一。

中国国家博物馆

中国国家博物馆位于天安门广场东侧，与人民大会堂以北京中轴线构成东西对称布局，是集文物征集、考古、收藏、研究及展示等于一身，以历史与艺术为主、系统展示中华民族悠久历史文化的综合性博物馆。

中国国家博物馆的前身可追溯到1912年成立的国立历史博物馆筹备处，当时以国子监为馆址，1918年迁址到故宫的端门与午门。1920年定名为"国立历史博物馆"，并于1926年正式对外开放。中华人民共和国成立后，更名为国立北京历史博物馆。1950年，成立中央革命博物馆筹备处。1958年8月，中共中央政治局会议决定在北京兴建历史博物馆和革命博物馆，同年10月开工，1959年8月31日竣工，成为庆祝中华人民共和国成立十周年的十大建筑之一。2003年，在中国历史博物馆和中国革命博物馆的基础之上组建为中国国家博物馆。

2007年，中国国家博物馆正式启动改扩建工程，2011年3月1日新馆开馆试运行。新馆保持西、南、北三面面貌不变，向东扩展。扩建后的中国国家博物馆总用地面积7万平方米，建筑面积近20万平方米，建筑高度42.5米，地上5层，地下2层，展厅48个，馆藏藏品达143万余件（套），一跃成为世界上单体建筑面积最大的博物馆。新馆整体设计庄重大气，宏伟高雅，在保持与老馆协调一致的基础上，功能分区更加合理，空间序列、立体造型和室内外装饰等都具有鲜明的中国文化元素和中国气派。作为博物馆内的基本陈列，"复兴之路"通过回顾1840年鸦片战争以来中国各阶层人民为实现民族复兴进行的种种探索，充分展示了历史和人民为什么必须始终坚持高举中国特色社会主义伟大旗帜不动摇，坚持中国特色社会主义道路不动摇，坚持中国特色社会主义理论体系不动摇。"复兴之路·新时代部分"展示了新时代中国所取得的辉煌成就；"古代中国"用文物说话，以文物陈列来表现历史，打破了以往惯用的教科书的语言方式。另外，还有专题展览、临时展览，与基本陈列一起构成立体化展览体系，备受公众欢迎，参观者络绎不绝。

　　百余年的更替变迁，中国国家博物馆一直是反映中华优秀传统文化、革命文化和社会主义先进文化代表性物证的最高机构，见证了我们国家和民族走过的世纪复兴之路。

人民大会堂

　　人民大会堂位于天安门广场西侧，是中华人民共和国成立十

人民大会堂

周年十大建筑之首。

　　人民大会堂坐西朝东，南北长 336 米，东西宽 206 米，高 46.5 米，占地面积 15 万平方米，建筑面积 17.18 万平方米。建筑平面呈"山"字形对称造型，两翼略低，中间稍高，黄绿相间的琉璃瓦屋檐，浅黄色花岗岩的外表，威严壮观。人民大会堂四面开门，正门面对天安门广场，顶上镶嵌国徽，台基上为 12 根直径 2 米、高 25 米的红色大理石柱础、淡灰色大理石柱身的门柱，按照中国传统建筑设计手法，中间柱略宽，两侧依次递减。四周环列 134 根直径 2 米的圆形柱廊，四面门前有 5 米高、83 米宽的花岗石台阶。正门进入是典雅朴素的中央大厅，厅后为 76 米宽、60 米深的万人大会场。人民大会堂北翼是有 5000 个席位的大宴

天安门广场鸟瞰

会厅，南翼是人民代表大会常务委员会办公楼。人民大会堂内还有以全国各省、市、自治区名称命名的、富有地方特色的厅堂。人民大会堂立面用古典的竖向三段式设计，台基、柱廊、屋檐均采用中国传统建筑图案加以装饰，使其与天安门广场协调一致，而南北长的矩形，又烘托了北京中轴线开阔而又深远的效果。

人民大会堂是中国全国人民代表大会开会的地方，是全国人民代表大会常务委员会的办公场所，也是党、国家和各人民团体举行政治活动的重要场所。1958 年 10 月动工，1959 年 9 月竣工，前后用时不足一年，是全国建筑师怀着极高的创作热情参与规划设计和建设的，速度之快、质量之高，堪称中国建筑史上的一大壮举。

最大变化之地

中轴线纵贯北京城四重城郭，不同区段有着不同的主题文化，内涵极为丰富而独特。在北京中轴线上的各个节点和段落中，变化最大的莫过于天安门广场。天安门广场在明清时期为皇家禁地，自辛亥革命以后，逐渐被开放为市民广场。20 世纪 40 年代后期，由于受到战争的影响与破坏，天安门广场区域疏于管护，杂草丛生，地面坎坷不平，一派荒芜景象。

天安门广场的改造主要经历了 4 个重要阶段：第一阶段是 1914 年由北洋政府官员朱启钤领导的第一次大规模改造。通过拆除天安门前的千步廊，以修筑道路为手段，使原本封闭的宫廷广场变为可自由通行的市民广场。第二阶段是 1949 年至 1954 年对广场的整治，以及人民英雄纪念碑的建设。第三阶段是 1958 年为迎接中华人民共和国成立十周年国庆，开展了天安门广场的规划方案编制和最大的一次扩建活动。第四阶段是 1976 年伴随毛

天安门广场

主席纪念堂的建设所进行的天安门广场大规模改造。

北平（今北京）和平解放以后，市政府随即发动民众开展义务劳动，清除垃圾，疏浚河道，天安门广场面貌有了明显改观。1949年8月，为迎接开国大典，再次对天安门广场进行整治，上万人参加了整治工程。包括清除广场内的地面障碍物，修整天安门、中华门和东西"三座门"门楼，搭设临时观礼台，并将天安门城楼前的华表与石狮向斜后方移动，加宽了进入天安门的通道，拓宽了金水桥前的石板路，伐掉了金水河前妨碍视线的树木。

在1949年8月第一届北平市各界代表会议后，规划部门接到任务，选定第一面中华人民共和国国旗旗杆的位置。当时负责这个任务的城市规划专家陈干先生后来撰文说："从把旗杆的位置定下来的那一刻起，新中国首都城市规划的中心就历史地被规定了，天安门广场的改造也就要从这一点和这一天开始。"1949年10月1日，开国大典成功举行，在天安门广场上耸立的22.5米高电力控制的旗杆，升起了第一面中华人民共和国国旗。天安门广场成了中国最为重要的政治、礼仪场所。

　　中华人民共和国成立之后，城市建设在北京老城展开，然而北京中轴线的对称格局没有被打破。20世纪50年代以来，尽管天安门广场地区经历过多次改造，但是整个广场的规划设计及其两侧公共建筑的布局、规模、形式均反映出对传统中轴线对称原则的维护，体现出当代社会对中轴线价值的认同和尊重。同时，中轴线作为北京城市规划中统率全局的存在，为构建完整的城市景观增添了信心，为实现优美的城市环境创造了条件，也为继承优秀的中国传统文化提供了思路。

　　1958年8月，为了庆祝中华人民共和国成立十周年，决定扩建天安门广场。经过几次扩建，形成了南起正阳门、北至天安门更加开放的空间形态。同时新建了人民大会堂、中国历史博物馆（今中国国家博物馆）等一批大型公共建筑，构成了既具浓郁中国特色，又彰显时代特征的"天安门广场建筑群"，展示出年轻共和国所取得的成就。天安门广场建筑群在规划和建设布局上，继续维护和强化北京中轴线应有的对称布局，既是文化古都的象征，也体现出具有5000年文明史的中华民族在20世纪新的崛起，中国传统文化的延续发展。

20世纪70年代，天安门广场又进行了一次重要扩建。1976年，在中华门遗址处兴建毛主席纪念堂。同时，天安门广场东西两侧路向南直通至前门东西大街。为此，拆除了广场左右两侧邻近东、西交民巷的一些历史建筑。经过此次改造，天安门前形成了以人民英雄纪念碑为中心，东西宽500米、南北长880米，总面积达44万平方米的广阔空间，其中心干道可同时通过120列游行队伍，整个广场可容纳100万人集会，这就是今天人们看到的天安门广场的整体轮廓。

天安门广场改造过程中，中国著名建筑师张开济先生设计的天安门前的观礼台，是尊重和强化中轴线的成功设计典范。建筑艺术的最高境界是与周边的自然环境与人文环境和谐相融，而不是一味地追求华丽夺目。天安门观礼台的成功之处在于没有喧宾夺主。天安门本身是一座标志性、纪念性建筑，因此观礼台设计方案注重做减法，尽可能减去一切不必要的装饰，力求平淡无奇，在色彩上与天安门和皇城墙保持一致，使建设后的朱红观礼台尽可能融入整体环境之中，既保证了天安门的完美景观，又保障了观礼台的良好使用功能。总体来说，近现代对天安门广场地区的整体改造是国家社会体制改革在城市空间中的鲜明体现。

形成于明代并改扩建于近现代，从动荡停顿，到蓬勃发展，再到今天的辉煌，天安门广场及建筑群每次历史脉搏的跳动，都与中华民族的整体命运息息相关。天安门广场及建筑群是北京中轴线公众化转变的重要实例，自形成至今始终是国家礼仪文化传承的见证。

外金水桥

金水河上的极致"择中"美学

始建年代：始建于明永乐十五年（1417）。

地理位置：位于天安门南侧，纵跨于东西向的
外金水河上。

功　　能：连接天安门与紫禁城以及通往太庙、
社稷坛的重要通道。现代是国家举办
重大庆典活动的礼仪空间。

外金水桥始建于明永乐十五年（1417），因跨越在外金水河上，故称外金水桥。作为进入明清皇城的先导区域，外金水桥是明清两代由皇城通向南郊祭祀的必经之路，也是如今国家举办重大庆典活动的礼仪空间，始终承担着重要的礼仪功能。

在古人的建筑风水观念中，"背山面水"是理想的居住环境。在北京城的营建中，调形理气体现得非常明显，皇宫北面的景山，不是自然的山，而是人工堆砌而成，成为紫禁城的靠山。皇宫前面的金水河，不是自然的河，而是人工开挖而成，在南面引进河水，营造出山水环抱的格局，成为紫禁城内难得的面水。景山与金水河共同形成了紫禁城"背山面水"的格局。

所谓"面水"，即在紫禁城的南部，引入金水河。根据《大清一统志》记载："元时名金水河，以其自西门而入，故名。"由此可知，这条金水河始于元代，因为从西门进入皇宫，所以叫金水河。中国传统文化中有金木水火土之说，既是道家学说，也是哲学思想，还是对世界万物属性的一种概括。就方位来说，南方为火，北方为水，东方为木，西方为金，加上圆心，中间为土，构成方位上的五行。因为河水自西方而来，所以称为金水河，其源头来自京城西北的玉泉山。

金水河分为内金水河和外金水河。内金水河像一条碧带，布局于故宫太和门广场，有人把它形容为玉带，称为玉带河。还有人称它为"一条镶着银边的弯弓"，因为它与真实的弓酷似，而且是东西对称分布。弓从西向西南弯，在5座金水桥处成直线，过金水桥向东北弯，再向东弯，弓背在南，引发联想的弓弦在北。金水河的曲线勾勒出的生动画面，在红墙黄瓦的古建筑群中宁静而神秘。中轴线就在5座金水桥正中的御桥桥面的中心，南对午门的御门御路中心，北对太和门中心。天安门前有外金水河。在元朝，金水河一直是独流入城，不得与其他水相混。在遇有其他水道的地方，都要架槽引水，横过其上，名为"跨河跳槽"，而且"金水河濯手有禁"，悬为明令。说明从元朝初年起，玉泉山诸泉之水已为皇家宫苑所独享。现今，金水河加固有白、灰石条夹杂垒砌的陡直河岸，河岸很高，河岸上齐堤岸顺河势筑有汉白玉护栏和望柱，在河水中倒映着蓝天、白云、陡岸、石栏，景观壮美。

外金水桥位于天安门南侧，纵跨于东西向的外金水河上。据《明英宗实录》卷五十四载：明初，城门桥为木桥，正统年间才开始改建石桥，但直至明代宗景泰三年（1452）方告竣工。外金水桥最初仅为3座，经明成化元年（1465）改建，数量增至7座。现存桥体重建于清康熙二十九年（1690）。

外金水桥桥体以北京中轴线对称分布，居中5座桥体分别与天安门城楼的5座券门相对，东西两侧2座桥体分别与太庙、社稷坛的南门相对，桥体布局、桥面宽度、柱头形式和装饰细节均体现出"择中"的原则。外金水桥5座桥身形制基本一致，均为三孔拱券式汉白玉桥，平面呈中间窄、两端宽的"工"字形，造型别致，而在尺度与装饰细节上又不尽相同，建筑等级从中间向两侧依次降低。居中桥体称御路桥，最长最宽，为主桥，明清时期为皇帝专用，御路桥望柱为蟠龙雕花柱。御路桥左右为王公桥，供宗室亲王通行，王公桥的望柱上雕刻着荷花。两端为品级桥，供三品以上的文武官员们通行。与太庙、社稷坛相对应的桥则称为公生桥。整齐、对称的桥体，进一步烘托出皇城的威严和壮丽。

外金水桥南北各有一对身躯庞大的石狮，于明代用整块料石雕凿而成，造型、尺寸和刻工都一样，按当时的规制，是最高等级的石狮。它们造型优美，栩栩如生，体现了明朝的雕刻工艺，是北方石狮的代表。外金水桥与天安门城楼组合成具有标志性的礼仪空间和形态，与故宫太和门前的内金水桥相呼应，自明代至今具有重要的礼仪功能。

今日，外金水桥依然作为连接故宫与天安门广场的关键枢纽，承担着重要使命。信步桥上，古朴而庄严的汉白玉桥身，桥栏上的精美纹饰，远处巍峨耸立的天安门城楼……仿佛一幅大气磅礴的画卷，每一处细节都彰显着皇家威严与建筑艺术的高度融合，让人不禁为这深厚的历史底蕴和宏伟景观所深深震撼。

天安门

国家象征

始建年代：始建于明永乐十五年（1417）。

地理位置：位于北京市中心的东城区长安街，处在天安门广场的最北端，是东城区、西城区的分界点。

功　　能：古代是皇帝颁布重要诏令的地方。现代是国家重大政治活动和庆典的举办场所，同时也是国内外游客参观游览的重要景点。

天安门是明清皇城正门，亦称"国门"，始建于明永乐十五年（1417），时称"承天之门"，寓意"承天启运"和皇权"受命于天"，皇帝替天行使权力，理应万世为尊。天安门也是明清时期颁布诏令及现代举行重大国事活动的场所，是国家礼仪的载体，见证了 2000 余年王朝统治的终结与中华人民共和国的建立。如今，天安门已成为中国的象征，天安门和天安门广场已成为中国人民政治活动和群众性活动的中心。

建筑形制

明永乐十五年（1417），明成祖朱棣准备将都城北迁，在全国征召能工巧匠，开始大规模重建北京城。其中，第一项任务就是设计和组织施工作为宫廷正门的承天门（即天安门前身）。明永乐十八年（1420）建成，沿用南京"承天门"的形制与名称，当时仅为一座黄瓦飞檐三层五间式木牌坊，牌坊正中高悬"承天之门"匾额。明天顺元年（1457），承天门遭雷击起火被焚毁；成化元年（1465），工部尚书白圭主持重建，将其改为面阔 5 间、进深 3 间的门楼，并将位置略向南移，也奠定了今日天安门的形制与位置；崇祯十七年（1644），承天门再次被毁于战火；清顺治八年（1651），清世祖福临下令在原址废墟上大规模改建，重修为一座城楼，改"承天之门"为"天安门"，取"受命于天，安邦治国"之意。与承天门不同，天安门凸显的是"天下安定"与"内和外安"，即故宫太和殿、中和殿、保和殿都带有"和"字，皇城四门（天安门、地安门、东安门、西安门）都带有"安"字，寓意"内和外安"。

天安门由城台和城楼组成，高为 33.87 米，1970 年翻建后高达 34.7 米。城楼为黄琉璃筒瓦，重檐歇山顶，有 1 条正脊、4 条垂脊和4条戗脊，宋代称九脊殿。大殿面阔9间，进深5间，构成"九五"之数，寓意帝王为"九五之尊"、至高无上。城楼均为棂花槅扇，前后廊的檐柱上雕刻有精美的雀替，既是额枋间的联系和承托构件，又有装饰功能。城楼内60根直径为92厘米的红漆巨柱排列整齐，承受着屋顶建筑的大部分重力，柱顶上有藻井与梁枋，绘有金龙吉祥彩画和团龙图案。殿内有17盏古雅的大型宫灯，最大的为主灯，有8个面，全高6米，直径2.8米，重约450千克；其余16盏为6个面的辅灯，每个高6米，直径2.2米，重约350千克。每盏灯上的角各有一盏伞形小灯。朱红色的城台高13米，用停泥城砖以一顺一丁（又称满丁满条）的砌法铺成，共2000余平方米。高大的红色城墙上开5个门洞，对应楼前5

天安门城楼

座外金水桥，与城楼重楼歇山九脊也构成"九五"之数。城台中间是大白石块砌垒的须弥座，四周环绕着精美的汉白玉须弥座台基，使得整座建筑更加稳固而庄重。5个门洞中，中间的门洞最大，高 8.82 米，宽 5.25 米，其余 4 个门洞在大门洞两侧对称排开，高度依次缩减，宽分别为 4.43 米和 3.83 米。中间的门洞位于北京皇城中轴线上，为御路，仅供皇帝通行；紧靠中间的 2 个门洞，即东一门洞和西一门洞，只允许宗室王公出入；最外侧的 2 个门洞，即东二门洞和西二门洞，为三品以上官员的通道。5 个门洞中各有 2 扇朱漆大门，门上有"九九八十一"个纵横交错的鎏金门钉，凸显皇宫大门的威严与气派。正中门洞上方悬挂着巨大的毛泽东主席画像，两边分别是"中华人民共和国万岁"和"世界人民大团结万岁"的大幅标语。

与其他城门不同，天安门前后还各有一对华表，古朴精美，庄重威严。华表在古代叫"谤木"，以示帝王广开言路。相传在尧舜时期，为了听取民意，在交通要道上树立木柱，让百姓在上面写下谏言。

天安门前的华表

久而久之，"谤木"成为帝王居住地的重要象征。天安门前后的4根华表，建于明永乐年间，用汉白玉精雕而成。每根通高9.57米，重1万多千克，直径98厘米。每根华表石柱上盘绕着一条巨龙，麟角峥嵘，栩栩如生，仿佛直插云端。华表的顶端横叉着白石云翅，云翅上面是一柄圆盘，盘上卧有瑞兽，据说叫"犼"，是龙的九子之一，有守望的习性。天安门前面的2只"犼"面向宫外，被称为"望君归"，传说是注视皇帝外出时的行为，盼望着皇帝早日回宫处理政事，不要荒废朝政。天安门后面2只"犼"面向皇宫，翘首宫内，被称为"望君出"，传说是负责监视皇帝的宫廷生活，劝说在宫殿里沉湎酒色的皇帝该出去看看民间的疾苦。

礼仪功能

明清时期作为皇城正门，天安门承担着重要的礼仪功能。其中，"金凤颁诏"和"金殿传胪"等仪式活动非常隆重。

"金凤颁诏"是明清时期皇帝登基、册立皇后等重大国家庆典时在天安门举行的颁诏仪式，是明清时期在天安门举行的最为盛大的典仪之一。据《日下旧闻考》记载："凡国家大庆，覃恩，宣诏书于门楼上，由垛口正中，承以朵云，设金凤衔而下焉。"颁诏分"登极诏"和"颁恩诏"两种。前者是老皇帝死后，继位的新皇帝于当天向全国宣告继位原因和日期；后者是将册立皇后等重大庆典之事向全国宣告。宣告的文件称为"诏书"。"金凤"指一种漆成黄色的木盒，上铺金粉并绘有凤凰和祥云等图案。皇帝拟好诏书后，由礼部官员，一般为最高长官即尚书到太和殿奉接，再在鼓乐礼仪的引导下登上天安门城楼，放在城楼东侧已经备好的台案上。天安门城楼大殿前设有宣诏台，宣诏官登台面西而立，宣读诏书。宣读完毕后，由奉诏官把诏书卷好，放入"金凤"

木盒中，再用红绳拴好"金凤"，从天安门垛口徐徐放到城下。城楼的礼部官员双手捧着"云盘"承接，这样"金凤"中的诏书也就落在"云盘"中了，此为"云盘接诏"。接诏后，鼓乐齐鸣，诏书被送往礼部衙门并被恭放在大堂内，随后向全国颁发。

天安门也是"金殿传胪"的场所。"胪"有陈列的意思，"传胪"就是依次唱名传呼，进殿觐见皇帝。金殿传胪的仪式非常隆重，通常在殿试后两天举行。皇帝在太和殿召见新科进士，进士们身着崭新公服，头戴三枝九叶冠，分左右两班站在文武百官后面。鼓乐声中，皇帝驾到，登上龙椅就座，礼部官员捧出钦定的金榜展开，由传胪官按榜依次唱名，宣布考取进士者的姓名、名次、籍贯。每唱到一名，由多个侍卫接力高声重复从殿内传向殿外，其中状元、榜眼、探花要连唱三遍，以示与众不同。考中前三名的状元、榜眼、探花还要插上金花，身披红绸，骑马游街，以谢皇恩。通过这一仪式，新科进士被正式纳入官僚体系。金殿传胪不仅是对读书人学识的肯定，更是对他们未来仕途的期许。

国徽设计

天安门城楼上方，除了毛主席的巨幅画像外，还悬挂着象征国家尊严的国徽。国徽的悬挂不仅体现了国家的重要象征，也展示了国家的庄严和威严。

为了体现人民当家作主，中华人民共和国成立前夕，关于国旗、国歌和国徽的方案，都通过报纸向人民群众进行征集。1949年7月，《人民日报》《解放日报》《新华日报》等各大报纸上纷纷刊载了一则振奋人心的征集启事：新中国即将成立，经中央商议，现决定向海内外人士征集国旗、国徽图案以及国歌词谱，欢迎大家踊跃参与。消息一出，很快就震惊了全国。一时间，无论是文人雅客，还是工人、农民纷纷发挥才智，提交方案，交给中央审批。国徽的设计相对复杂，只征集到112件，经过讨论之后，并没有大家都满意的版本，因此这事儿就搁置了下来。因国徽没有确定，所以开国大典时，天安门城楼最上方悬挂的是"中华人民共和国中央人民政府成立典礼"的大横幅。

国徽投稿的寄件人，要么来自国立北平艺术专科学校（今中央美术学院），要么来自清华大学营建系。事实上，后来国徽的设计，就落在了这两个小组上，而最后成形的国徽方案，其实就是这两个小组相互激励、相互启发的结果。

清华大学林徽因认为：国徽造型最好更富图式化、装饰风，太过写实易于庸俗。国徽不是寻常的图案花纹，它的内容的题材，除象征的几何形外，虽然也可以采用实物形象，但在处理方法上，是要强调这实物的象征意义的。所以不注重写实，而注重实物形象的简单轮廓，强调它的含义而象征化。它的整体，无论是几件象征的实物，或几何形线纹的综合，必须组成一个容易辨认的、明确的形状。

中央美术学院张仃认为：自然形态的事物，必须经过加工，才能成为艺术品。但加工过分或不适当，不但没有强调自然事物的本质，反而改变了它的面貌，譬如群众要求嘉禾式样是非常现实的，又非常富于理想的，金光闪闪，颗粒累累。倘仅从形式上追求，无论出自汉砖也好，魏造像也好，是不能满足广大人民群众美感上的要求的，写实是通俗的，但并不是庸俗的。中央美术学院经过修正的方案中，仅仅保留了3种颜色。北京朱墙、黄瓦、青天，为世界都城中独有之风貌，庄严华丽，故草案中色彩主要采用朱、金（同黄）、青三色。此亦为中华民族色彩，更重要的是广大人民，至今仍热爱此丰富强烈的色彩；其次非有强烈色彩，不适合装饰于中国建筑上，倘一味强调"调和"，适应书斋趣味，一经高悬，则黯然无光，因之不能使国徽产生壮丽堂皇的印象。

1950 年 6 月 20 日晚，全国政协国徽审查小组在中南海怀仁堂举行了最后一次国徽图案评选会议，参加评选的方案被并排悬挂起来供委员评审。周恩来亲临会场。经过多次修改完善，两个设计组给出的国徽定稿在风格和元素创意等方面已经出现一定程度的趋同。审查小组在两个设计图案前，有点左右为难，难以取舍。这时，中国地质学家、教育家和社会活动家李四光一句话打破了僵局："清华大学的设计方案中的天安门生动、逼真，看上去感觉深沉，天安门前的广场也感觉非常开阔。"李四光的一席话，得到了审查小组的认可。周恩来也频频点头，最后选定清华大学营建系设计的第二张图的图案。

梁思成因病无法出席会议，遂委派清华大学营建系秘书朱畅中代为参会。朱畅中回到清华，向梁思成、林徽因报告了会议情况。清华大学营建系国徽设计组第二天赶制了向政协大会提交的国徽图案，并在图案下方用隶书写了设计说明。

以梁思成、林徽因为主的清华大学营建系国徽设计组修改后的国徽图案保留了此前红绶带绾结在齿轮上的设计，同时外圈环以稻麦穗。在国徽中央部分的下方则是金色浮雕的天安门正投影立面图，上方则对原稿设计中的五星环绕进行了整体优化，金色浮雕的五星由四颗小星环拱一颗大星组成，在红色背景的衬托下营造出五星红旗的视觉效果。而有这样的效果，更得益于清华大学运用了正投影的专业支持。

清华大学营建系国徽设计组修改后的国徽图案中选后，他们又根据周恩来提出的稻麦穗"要向上挺拔"的指示做了一定程度的细节修改。

虽然这次国徽设计竞赛最终以清华大学营建系国徽设计组的胜出而告终，但是整个国徽的设计和完善，以至最终定稿，实际上凝聚了清华大学和中央美术学院两个设计组的共同心血。在国徽方案确定后，共有8名人员的名字被记在了功劳簿中，给他们每人发了800斤（400千克）小米，其中就有中央美术学院的张仃教授。从某种意义上而言，张仃是国徽的创意者，而梁思成、林徽因等专家学者则是最终完善者。

1950年9月28日，高2.6米、宽2.4米、厚0.5米的木质国徽，在天安门城楼上定位。此前，悬挂了299年之久的"天安门"匾额被拆下。张仃按北京中轴线上的轴线来定点，将国徽定位在了天安门城楼的正中。

城楼观升旗礼

1949年10月1日，毛泽东主席在天安门城楼上，向全世界宣告了中华人民共和国的诞生，亲自按下电钮，升起了中华人民共和国的第一面五星红旗。

最初，国旗设计由于是平面的，相对简单，人人都能画，所以征集到的设计稿最多，一共有1920件，图案2292幅。这些设计稿件来自全社会各个阶层，其中不乏一些名人的创作。这些名人们设计的国旗方案，不是长得和别的国家的国旗太像，就是太繁复，要么就是不能很好地表达新政权的特点，总之都没能入选。

在淘汰了众多方案之后，经过筹备会投票表决，得票最高的是"复字"第三号。投给这个方案的一共有342票，而投给五星红旗的只有5票。

"复字"第三号左上的大五角星代表着政权，红色代表着中国，横杠代表的是孕育中华文明的黄河，正好突出了中国的地理特色；并且横杠位于长方形旗帜的三分之二处，符合审美"黄金比例"。然而，第三届全国人民代表大会常务委员会副委员长、爱国民主将领张治中看了以后，却表示：这条横杠看上去把中国一分为二了，寓意不好。当时许多专家评审也认为：在一片鲜红的国土上，无论是画一条横杠、两条横杠，还是三条横杠，会给人一种国土被割裂的不愉快感受，最好把横杠去掉，让祖国大地一片红。同时，以一条杠代表黄河也不科学，老百姓会联想到是一根棍子，像《西游记》里的孙悟空的金箍棒。这最终导致了黄河方案的落选。

　　五星红旗的设计者叫曾联松。他当时只是上海的一个普通职员，在现代经济通讯社做秘书工作。他早年就投身革命，在青年时代参加过一二·九运动，在1938年5月加入中国共产党。五星红旗最开始不是现在的样子，在大五角星里有一个象征工农联合的镰刀锤子图案，但由于在国旗遴选的早期，筹备会就决定国旗不要和苏联太像，而苏联的国旗就是镰刀锤子旗，所以五星红旗最早就被淘汰了。后来，在进入复审时，是中国戏剧活动家、剧作家和诗人田汉把这个设计捞了回来，并且觉得可以去掉镰刀锤子。在"复字"第三号落选之后，五星红旗的设计一下子进入大家眼帘。

　　五星红旗中间的大五角星，象征着中国共产党，四个小五角星象征着中国当时的四个阶级，而每颗小五角星各有一个尖角正对大星中心点，既表示人民对党的向心之意，也象征了中国人民的大团结。

这个方案得到越来越多人的首肯，梁思成也表示五星红旗图案布局与军旗相仿，作为国旗更加合适。五星红旗就这样从险遭淘汰的境地，最终成为中华人民共和国的国旗。

"世纪手术"

清末时期，中国封建统治的腐朽与外国殖民主义的入侵并行，天安门亦深陷厄运，其辉煌随清王朝的倾颓而消逝。1900 年，八国联军侵入北京，对天安门展开疯狂洗劫并实施炮轰。此劫过后，天安门城楼荒芜，蒿草丛生，尽显凄凉衰败之象。值得一提的是，现今位于北京中轴线上的天安门城楼已非原装古建筑，乃是历经翻建与重修后的模样。

自 1465 年建成后，由于兵火战乱、长期失修，过度汲取地下水和负荷城楼自身重量等，天安门城楼与整个北京城一样，破旧不堪。中华人民共和国成立后天安门城楼进行过几次修缮，但都没能从根本上解决问题。而 20 世纪 60 年代发生的邢台地震，波及天安门，使天安门城楼的结构严重损坏、变形。已有 260 多年没有进行大修补的天安门，危在旦夕，有垮塌的可能。于是国务院决定，拆除旧的天安门城楼，在原址按原规模和原建筑形式重新修建，建筑材料全部更换新的。

天安门城楼重建工程于 1969 年 12 月 15 日开工。承担这项任务的是北京市第五建筑工程公司。公司选派了一批根正苗红、政治可靠、技术过硬的精兵强将。施工队伍按军队编制管理，组成了木工连、瓦工连、彩油连、架子工连和混合连 5 个施工分队，总计约 500 人。为保证施工过程的绝对安全，有关部门还调派了北京卫戍区 2 个连的解放军战士加入工人队伍，负责安全警卫工作。整个工程在极端秘密的情况下进行，施工队伍都实行军事化管理。所有参与这项工程的人员不得透露内情，对家人也要守口如瓶。为确保工程秘密进行，整个天安门城楼被苇席遮盖得严严实实，丝毫不露。而搭起这个跨度如此之大、堪称世界之最的"天棚"，仅用了8天时间，这在当时是绝无仅有的。天安门城楼究竟由多少块木料组成，谁也说不清。整个城楼拆下的木料堆满了天安门的后面和端门大院。被拆的斗、拱、声、柱相互咬合，上下垒叠，环环紧扣，严丝合缝，如此庞大的木结构体却找不出一颗钉子。

天安门城楼的重建工程于1970年"五一"前竣工。这一浩大工程堪称天安门城楼的"世纪手术"，其顺利完工意义非凡，标志着天安门城楼以崭新姿态重焕生机。

端门

皇城礼序之门

始建年代：始建于明永乐十八年（1420）。

地理位置：位于北京市东城区景山前街4号故宫
博物院内，处于天安门和午门之间。

功　　能：明清两代是存放皇帝仪仗用品的地方。
现为故宫博物院的一部分，具有参观
游览、文化展示等功能。

端门，始建于明永乐十八年（1420），重修于清康熙六年（1667）。"端"者，端正也，寓意良好的开端，又称为端礼门；端门矗立在天安门和午门之间，又称重门，是故宫中轴线建筑的重要组成部分。端门是明清两朝的礼仪重地，是明代紫禁城的正门之一，也是清代皇城的正门。端门与天安门一起，以其高大的形体和端庄的风姿，烘托出皇城与皇宫轴线建筑的威严和神圣。

　　明朝时端门只有城台，康熙年间在其基础上加盖城楼后，其建筑结构和造型与天安门城楼基本相同。端门城楼立于高大的红色城台之上，面阔9间、进深5间，体现所谓"九五之尊"。城楼大殿屋顶采用重檐歇山顶样式，两侧留有山花。大殿顶上覆黄琉璃瓦，四角上翘。大殿飞檐下有彩色斗拱，梁枋色彩艳丽，层层咬合。大殿共有60根直径约92厘米的红漆楠木木柱，正面36扇门窗，为中国传统的菱花格式，窗的下部为雕花裙板，显得大方稳重。据说，铺地所用砖块是江南制砖工匠烧制的二尺见方的细料方砖，制作工序繁杂，每块价值在当时约合一两黄金，故称"金砖"。

"光绪十四年成造细料
二尺见方"铭文金砖

城台下部对称开有 5 个券形门洞，中间的门洞最大，高 8.82 米，宽 5.52 米，位于皇城中轴线，与天安门门洞、午门门洞连成一线。其他 4 个门洞在中间门洞两侧依次向外排开并缩小，分别是 4.43 米宽和 3.83 米宽。中间大门洞为御路门，仅供皇帝通行，两侧的门洞供宗室王公行走，最外侧的 2 个门洞供三品以上官员通行。5 个城门洞中各有 2 扇朱漆大门，门上布有"纵横各九"的镏金铜钉。

中国戏曲理论家、历史学家齐如山先生曾有描述："端门，有人说当初建设此门或许是为凑足九重门之数。据我调查询问所得，乃是森严的关系。此门之南，东西有 2 个大门，即皇帝进太庙及社稷坛之正门，而两旁之厢房又为存放盔甲、弓刀之所，都是极重要的地方。"

端门广场形方而封闭，是一个过渡型空间。天安门至端门之间东西两侧对称布局朝房，各 26 间，是官吏上朝前休息等待的场所。东朝房正中为太庙街门，西朝房正中为社稷坛街门，分别通向太庙和社稷坛。端门至午门东西两侧为六科（吏、户、礼、兵、刑、工）值房，值房南侧各开庙右门、社左门，通向太庙、社稷坛中部；北侧各开阙左门、阙右门。太庙、社稷坛改为公园后，太庙街门、社稷坛街门、庙右门、社左门均封闭。端门与午门、天安门及两侧内千步廊共同围合成 2 个纵深感极强的院落，成为进入宫城的前导礼仪序列。以重门高墙形成的压抑、收缩的空间氛围，与午门后豁然开朗的太和门广场形成鲜明对比，烘托天子威仪。

端门构成明清两代进出宫城前导性礼仪建筑序列，为朝堂空间的一部分。端门城楼是存放皇帝仪仗用品的地方，同时还是整顿仪仗之地。每逢皇帝出巡、狩猎或去坛庙祭祀等时，一定要先登上端门，为礼仪之始，祈求此行有一个美好的开端，再待黄土铺路、净水泼街等仪式完毕，端门大殿内的大钟鸣响，皇帝一行才浩浩荡荡地离开。归来之时，皇帝也要登上端门祈祷，待敲响大钟进入午门，寓意着此次出行圆满结束，有始有终。

皇帝出行或回銮时，仪仗队取出各种仪仗，整齐地排列在御道两旁，端门敲钟、午门擂鼓，钟鼓齐鸣，以显示封建皇权至高无上的威严。据说，嘉靖三十六年（1557）四月，紫禁城内太和殿、中和殿、保和殿三殿雷击失火，损失严重，嘉靖帝下诏自责，修斋五日，并请术士帮忙。术士说须在端门上铸一镇殿大钟，以辟邪消灾。嘉靖帝深信不疑。第二年初，端门镇殿双龙盘钮大钟铸成，重逾3吨。只可惜，1900年八国联军侵占北京时，一伙英属印度兵窜上端门城楼，打开端门大殿，疯狂地抢掠满屋的仪仗、兵器、金器。最后，仅剩下悬在大殿中央的形大体重的镇殿之宝——钟，穷凶极恶的英属印度兵便用枪击坏了大钟顶部的钟钮龙爪，才悻悻离去。

端门所具备的礼制属性，标志了中国封建社会时期皇城内森严的等级制度，是儒家礼制思想的物质体现。端门因此成为皇城外朝中极具象征意味的礼制建筑之一，故又可称之为"仪门"。1999年，端门经修缮后正式对公众开放。

端门在明清时期是紫禁城的一部分，和皇家宫殿建筑群浑然一体，密不可分。近代以来，端门被长期占用，地区所属混乱，存在诸多胡乱收费、档次不高的展览与商户，影响了故宫的形象。2011年4月29日，按照文化部确定的"端门在2011年'五一'前划转给故宫博物院"的指示精神，故宫博物院和中国国家博物馆正式签署了端门划转协议书。对于故宫博物院来说，它的正门就此大大地往前推进，午门和端门之间形成了一个非常大的文化广场，使得观众在进入故宫之前能够享受到很好的服务，比如改善购票环境，为观众提供饮水、咨询、轮椅等公共服务，使参观的过程更为愉快。

2015 年，端门城楼开设了一座文物数字化展厅——故宫端门数字博物馆。作为全世界博物馆中最好的数字博物馆之一，故宫端门数字博物馆不但技术、设备先进，关键在于所有项目都是深挖自己的文化资源凝练出来的原创。在这里，游客可以和 1200 栋古建筑对话，可以看到深藏的 1500 块大地毯的图案，可以调一幅书法进行临摹，可以和绘画中的小动物互动。另外，利用 VR 技术，游客们可以"走进"养心殿，站在数字屏风前穿一套古人的服装，用电梭子把美丽的图案编织完整。最为震撼的，还是虚拟现实剧场，7 部 VR 影片循环播放，游客可以看到正常参观游览故宫视角下看不到的一些细节，包括一些空中鸟瞰故宫的镜头。为解决冬季寒风倒灌的问题，2017 年端门城楼玻璃避风阁落成。该避风阁为一钢框架玻璃幕墙设施，幕墙上悬挂着"故宫博物院"5个大字。

社稷坛

中国现存最完整的古代皇家祭坛

始建年代：始建于明永乐十八年（1420）。

地理位置：位于北京市东城区天安门西侧，在中山公园内。

功　　能：古代是明清两代皇家祭祀土地神和五谷神的重要场所。现代是中山公园的重要组成部分。

社稷坛始建于明永乐十八年（1420），坐落在天安门的右侧，与太庙一左一右，体现了"左祖右社"的帝王都城建筑规制。社稷坛是保存最为完整的中国古代皇家祭祀太社（土地神）和太稷（五谷神）的礼仪建筑群，是明代迁都北京所建的第一坛，也是皇权王土和国家收成的象征。作为北京中轴线上国家礼仪传统的重要组成部分，社稷坛是北京第一处转变为城市公园的皇家建筑，展现了北京中轴线公众化的转变历程。

社稷同祀

社稷即"社神"和"稷神"二神的合称，社为土地神，稷为五谷神。相传社神是水神共工氏的儿子句龙，每遇洪水暴发之时，句龙就让人们到高地上去住，没有高地就带领人们挖土堆丘，每个土丘住居民 25 户，称之为"社"。句龙死后被奉为土神，也叫社神。稷神原为帝喾的长子后稷，好耕农，被认为是开始种稷和麦的人，后作为掌管农业之官，教人们耕种，被人们尊称为稷神。

社稷崇拜最初来源于人们对土地和五谷的原始崇拜感。《白虎通义·社稷》中记载："人非土不立，非谷不食。土地广博，不可遍敬也。五谷众多，不可一一祭也。故封土立社，示有土也。稷，五谷之长，故立稷而祭之也。"中国自古以来就是一个以农为本的国家，土地和粮食为国之根本，所以中国历代都城都存在着"社稷祭祀"的制度，以祈求风调雨顺、五谷丰登、国事太平。社稷祭祀强调了土地和五谷对于国家和社会的重要作用，从而将国家和社会秩序与人地关系紧密联系起来，更具有祈祷国家根基稳固、繁荣昌盛、疆土完整的延伸意义，反映出祈求国家政权与疆土永固的愿望。随着祭祀礼仪规范的形成，"社稷"逐渐演化成国家的象征。

社稷坛和太庙的分布示意图

据《明史》载，朱元璋最初定都南京时，京师建"太社在东、太稷在西，坛皆北向"。社稷两坛"相去五丈，东西对峙，二坛周一墙"。可见，"太社"和"太稷"是分坛行祭。社神、稷神同坛合祭始于明洪武十年（1377）。据《山堂考索》记载："社为九土之尊，稷为五谷之长，稷生于土，则社与稷固不可分"，故后来改为将社稷合为一坛设祭。每年农历二月、八月的上戊日，明清皇帝都要举行隆重的祭祀活动，同祭祀天地、太庙一样，祭祀社稷被列为大祀。据统计，自明永乐十九年（1421）至清宣统三年（1911），明清皇帝亲祭或遣官祭祀达1300余次。

主要建筑

中国古代建筑一般是以北为上、南为下，坐北朝南。社稷坛与之相反，正门在北面，坐南朝北。根据"五行说"，中国古代认为天为阳，向南；地为阴，向北。社稷坛是土地之神，属阴，所以社稷坛主体以南为上、北为下，坐南朝北。

社稷坛建筑群整体布局略呈长方形，占地面积16万多平方米，由内外两重坛墙围合成环套式院落，营造出富于层次变化的神圣祭祀氛围。最初内坛中仅建有祭坛，明代先后增建了宰牲亭、神库、神厨、拜殿与戟门，形成的格局保存至今，清代仅对主要建筑进行过修缮。自南向北，南坛门、南棂星门、社稷坛祭坛、北棂星门、拜殿、戟门、北坛门等建筑沿内坛居中轴线依次排列。北坛门在明清时期是礼仪祭祀路线的入口，因而较南坛门形制更高。

社稷坛位于内墙的中央，为3层台阶式石砌正方形祭台，由青白石砌筑，象

社稷坛棂星门

征着"天圆地方"之说。台高 1.28 米，上层每边长 16 米，中层每边长 16.9 米，下层每边长 17.8 米，每层用汉白玉栏圈围。举行祭祀大礼前，坛顶均重新铺垫五色土，分别为中黄、东青、南赤、西白、北黑，土壤由全国不同地区采集而来，象征"普天之下，莫非王土"，同时也象征金、木、水、火、土五行。在中国传统文化中，天数中"九"为最大，地数中"五"为最大，"五"代表的是全部，涵盖着整体。古人认为天下万物离不开五行之属，因此五色土也代表万物。坛四周有墙墙围绕，墙上青、红、白、黑四色琉璃瓦按东、南、西、北的方向铺设，分别与相对的土色相同，象征左青龙、右白虎、南朱雀、北玄武。四面墙墙正中各有一座汉白玉的棂星门。坛台正中央处立有一方形石柱，称为"社主石"或"江山石"，一半埋在土中，每当祭礼结束后全部埋在土中，上边加上木盖。"社主石"上锐下方，寓意"江山永固，社稷长存"。

社稷坛以北为拜殿，坐落于白色砖石台基之上。面阔 5 间，进深 3 间，黄琉璃瓦单檐歇山顶，朱红色楠扇门窗，是北京现有最古老的木结构建筑之一。殿身采用彻上露明造，室内可以看到整个梁架结构。拜殿是明清皇帝祭祀时休息或遇风雨时的行礼之处。

拜殿以北为戟门，形制较拜殿略低。戟门为社稷坛正门，建于砖石台基上，面阔 5 间，进深 2 间，单檐歇山顶，覆黄琉璃瓦。戟门原有 3 个门洞，每个门洞都陈列着 24 支铁戟，共 72 支，1900 年被八国联军侵略者劫走。戟门是明清祭祀期间遇风雨时御幄移设之处，1949 年以后被作为政协会议室使用。

公众化之变

随着封建王朝的覆灭，社稷坛的祭祀功能基本消失殆尽。

1913 年，时任北洋政府内务总长的朱启钤到社稷坛巡视，倡议辟建公园。1914 年，在其主持之下，社稷坛开辟为中央公园，并于当年 10 月 10 日对公众开放，成为北京最早转变为城市公园的古典皇家坛庙园林。根据"依坛造景"的建造理念，"修旧如旧、展用一体、自然融合"，公园在完整保存明清社稷坛的礼制建筑群的基础之上，堆叠假山、挖塘种树，建水榭、唐花坞，修建碧纱舫、来今雨轩、格言亭等多座新建筑，营造出既有深厚历史文化底蕴，又随着时代发展融入现代园林信息的景观。

其中，来今雨轩位于公园的东南角，建于 1915 年。其命名典出杜甫的《秋述》中的"旧雨来，新雨不来"。"旧雨"为故交，"新雨"为新知，"来今雨轩"寓意新老朋友欢聚一堂。鲁迅曾数十次光顾，品茗就餐、赏花会友。巴金、张恨水等中国近代文化名人也常聚于此交流讨论，进行文学创作。更重要的是，来今雨轩还是北京红色文化基地，文学研究会、少年中国学会在此成立，中国共产党早期领导人李大钊、周恩来等也被吸引来园活动。如今，来今雨轩恢复为茶社并向公众开放。

1925 年，孙中山先生逝世后，其灵柩曾停放于拜殿，并在此举行公祭活动。至 1928 年，为缅怀孙中山先生，社稷坛被更名为"中山堂"，且内部设有展陈布置，同期中央公园也易名为中山公园。公园景色宜人，且占据优越地理位置，自向大众开放伊始，就成为北京城内不同阶层人士与各类社会团体汇聚之所在。它不单是民众游览、休闲以及开展文化娱乐活动的去处，亦成为党和国家、社会团体举办庆典、展览等公益活动的关键场所，在诸多方面都发挥着重要作用，承载着丰富的历史文化内涵与社会功能。

太庙

明清两代皇家祖庙

始建年代：始建于明永乐十八年（1420）。

地理位置：位于北京市东城区东长安街天安门东侧。

功　　能：明清时期皇家举行祭祖大典的场所。1950 年以后作为北京市劳动人民文化宫对外开放使用。

太庙始建于明永乐十八年（1420），明嘉靖、万历和清顺治、乾隆年间都曾重修、改建，但大部分仍为明代所建。太，意为"最"。太庙，即天下最大的庙，是明清两代皇帝祭祀祖先的地方，也是中国现存最完整、规模最大的皇家祖先祭祀建筑群。

依据中国传统，左为上，太庙位于故宫午门左前方、中轴线核心部位的左侧，与社稷坛以北京中轴线东西对称布局，体现了《周礼·考工记》关于古代王城"左祖右社"的建筑规制。作为明清两代皇家祖庙，太庙是中国祖先崇拜文化传统的物质载体，是重要的国家礼制建筑，不仅体现出"以孝治天下"的文化传统，更象征着王朝统治权在家族内传递的合法性，成为明清时期中国最高等级的宗庙祭祀建筑。

主体建筑

太庙建筑群坐北朝南，院落呈规整的长方形，占地面积 14 万平方米，是世界上现存最大、最完整的祭祖建筑群。围墙两重，外垣正南辟琉璃门三道，左右旁门各一，东南设牺牲所。主要祭祀建筑均位于内垣。

内垣祭祀建筑自南向北依次为琉璃门、金水桥、戟门、太庙享殿、寝殿和祧庙，东西配殿、井亭、神厨、神库则对称布置于两侧。其中，戟门为南门，屋顶曲线平缓，出檐较大，具有明显的明代特点，为明永乐时期的重要遗存。称其为戟门，是因为在它的有 5 间房子宽阔的门洞内外，列有 120 支长杆、头上安装着月牙状的古代兵器——戟。戟门内在中轴线上布置有前、中、后 3 座大殿，是太庙的主体建筑。

前殿为祭殿，亦称享殿，是三大殿中的主殿。享殿面阔 11 间，进深 4 间，坐落在 3 层汉白玉须弥座上，每层均有汉白玉栏杆，正中台阶设御路。黄琉璃筒瓦屋面，重檐庑殿顶，上檐施双杪双下昂斗拱，下檐施单杪双下昂斗拱。檐下悬挂满汉文竖匾，匾额上的"太庙"二字为顺治御笔。殿前月台宽阔，台前踏道三出，左右各一出。殿后台基与中殿台基相连，正中踏道三出。东西配殿各15间，黄琉璃筒瓦屋面，单檐歇山顶，东配殿用于供奉有功皇族牌位，西配殿供奉功臣牌位。享殿是皇帝举行大祀之处，包括时享、祫祭、荐新、告祭等重大仪式都在这里进行。殿内梁柱均为昂贵的整料金丝楠木，地面铺墁金砖，尤其雄伟宏大。其体量、形制、材料与装饰细节均体现出皇家建筑艺术的最高成就。

中殿为寝殿，是明清时期安放祖先牌位的地方，以供逝去帝王灵魂休息。寝殿建筑形制稍次于享殿，面阔9间，进深4间，黄琉璃筒瓦屋面，单檐庑殿顶，施单杪双下昂斗拱。享殿和寝殿坐落在同一三重汉白玉须弥座上，台基四周有汉白玉护栏围绕。殿内牌位陈列严格遵循"昭穆制度"，左为昭（父），右为穆（子），以太祖居中。东西配殿各5间，黄琉璃筒瓦屋面，单檐歇山顶，是贮存祭器的地方。

后殿又称祧庙，是明清时期供奉皇帝远祖牌位的场所，依据宗法制度，在寝殿中不再被供奉的远祖祖先牌位被迁至祧庙供奉。祧庙与寝殿有一红墙相隔，自成一院，其建筑形制与寝殿基本相同。清代在殿内置肇祖、兴祖、景祖、显祖四神位。祧庙东西配殿亦各5间，形制亦与中殿东西配殿相同，也是祭器收藏库。

主体建筑群外环以古柏，氛围肃穆。在北京历史上，素有"元槐、明柏、清代松"之说。尤其是在明代种植了浩瀚的柏树，故北京留有大量明代古柏。相传永乐元年（1403），明成祖朱棣迁都北京，建成太庙以后，在此亲手植下一棵柏树，即今"明成祖手植柏"，以告慰先祖社稷安定。该树高 13.5 米，树干径围 5.5 米，枝叶繁茂，茁壮挺拔，独领群柏之首。外垣林间古柏参天蔽日，增添了太庙作为皇家最尊贵的祭祀建筑群的庄严沉穆之气。

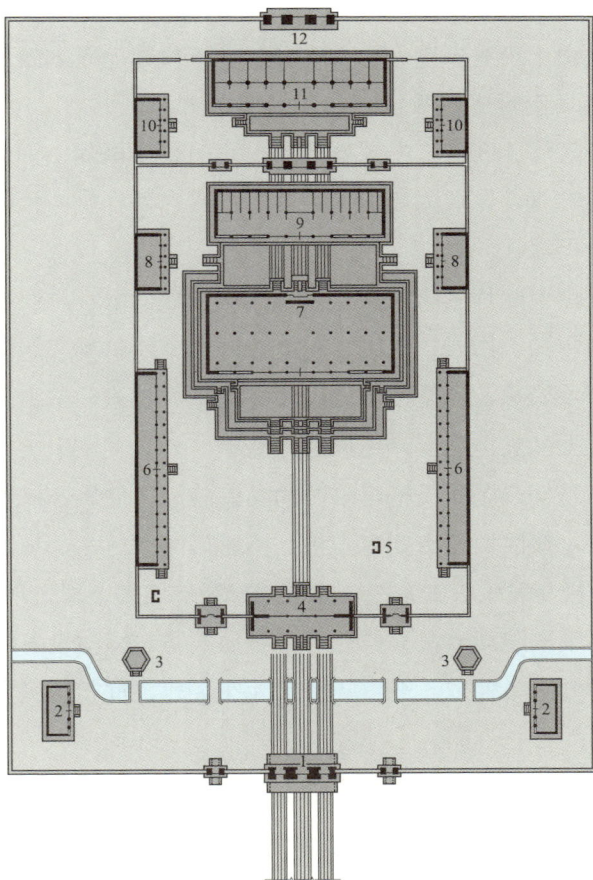

1 前门 2 库房 3 井亭 4 戟门 5 焚香炉 6 前配殿
7 前殿 8 中配殿 9 中殿 10 后配殿 11 后殿 12 后门

北京太庙平面图

提升文化遗产安全——任重道远

1924年，太庙被辟为和平公园。1925年后，太庙由故宫博物院管理。1950年，划归北京市总工会，后作为北京市劳动人民文化宫对公众开放，面向公众举办游园、演出、培训、展览等文化活动并使用至今。

但是由于历史原因，自20世纪50年代起，在太庙东北角区域、体育场看台下、故宫端门东墙下的棚户区共有75户居民在此居住，房屋169间，严重破坏了太庙的整体风貌。为此，我到现场进行调查，发现太庙的保护范围内存在着严重的消防隐患，令人十分担忧。

一是由于此片区居民大量采用液化气罐做饭、用煤取暖，大量无序地用油、用气、用火、用电对太庙古建筑群和居民自身安全构成严重隐患。二是由于居民住房向室外扩张而挤占通道，有的平房顶上又加盖房屋，造成通道狭窄，一旦发生火灾无法实施扑救。三是棚户区居民搭建临时简易设施用作储煤、储物空间及简易厨房，该区域还有众多古柏、杨树等高大树木，易燃物品杂乱繁多，极易发生火灾事故。四是棚户区造成太庙周边环境复杂，无法按要求安装周界报警监控等必备的安防设施与设备，导致治安环境和安防条件差，严重威胁了太庙古建筑群和居民人身财产安全。

鉴于太庙的重要历史文化价值及其特殊地理位置，整体搬迁棚户区，彻底整改太庙古建筑群安全隐患，已成为当务之急。为此，我于2011年3月在全国政协十一届四次会议上提交了《关于抓紧消除全国重点文物保护单位太庙火险隐患的提案》，建议如下：一是加快太庙保护范围内棚户区的搬迁整治工作，以彻底解决安全隐患，同时改善住户的居住条件和生活水平；二是在太庙文物保护范围内的棚户区拆迁整治工作完成前，要进一步采取有效措施，严防火灾和其他安全事故发生；三是太庙文物保护范围内的棚户区完成拆迁改造后，要恢复太庙历史环境风貌，提升太庙的整体文物价值，美化太庙周边城市环境。

当时，提案承办单位对我的提案做了认真答复，召开专题会议进行研究和部署，并制定了搬迁安置工作方案。但是，3 年以后，2014 年春节期间我再次到现场进行调查，发现太庙保护范围内棚户区搬迁整治工作并未真正开展，火险隐患问题依然存在，十分堪忧。我想到当时云南香格里拉独克宗古城火灾所造成的对文化遗产的破坏，认为此处情况应引起高度关注，要彻底解决这一历史遗留问题。于是，我在 2014 年的全国政协十二届二次会议上再次提交了《关于抓紧消除北京市两处全国重点文物保护单位火险隐患的提案》。

我在提案中建议，在国家法律层面制定消除文物建筑安全隐患的强制性规定，增加对于文物保护单位管理使用者的制约机制，为文物建筑的安全提供法律依据和可操作性强的工作程序。对违法破坏或有能力而不及时解决安全问题的单位予以惩罚，在一定期限内不予改正的，执法部门可以进行相应的处罚，或者在一定前提下可以通过法律诉讼等方式执行。如今，经过各方努力，居住在太庙内的居民已经得到妥善安置，火灾隐患得到消除，历史环境得到恢复。这一过程使我认识到，文物消防安全是一项长期而艰巨的任务，只有提高防范能力，预防火灾事故发生，才能确保国家文化遗产安全。

故宫

中国皇家宫殿建筑杰出典范

始建年代：始建于明永乐四年（1406）。

地理位置：位于中国北京市东城区景山前街4号。

功　　能：明清时期皇帝居住、处理政务、举行大典、祭祀等活动的皇家宫殿。现代是大型综合性古代艺术博物馆，集保护、研究、展示、教育为一体。

故宫，始建于明永乐四年（1406），完成于明永乐十八年（1420）。古代皇宫是禁地，又有紫薇垣为天帝所居的神话，故又称为紫禁城。故宫历经明清两朝，多次局部重建与增建，明嘉靖年间、清顺治至乾隆年间营建活动甚为频繁，不断完善建筑群以中轴对称的格局和礼仪仪式空间。作为明清时期皇家举办国家庆典、处理政务和生活起居的场所，故宫是中国皇家宫殿建筑的杰出典范，是国家礼仪与文化传统的重要物质载体，见证了中华文明多元一体格局的发展。

　　故宫位于古都北京美丽的城市中轴线上，是人类文化史上以物质形式表现精神语言的典型代表，既是中国古代灿烂文化的艺术结晶，也是人类文化的代表性见证，既是物质存在，也是精神存在。作为物质存在，故宫凝聚着中国工匠的创造智慧；作为精神存在，故宫积淀着中国哲学的神秘力量。故宫几乎包含了中国

故宫俯瞰

古代官式建筑中宫、殿、楼、阁、堂、亭、台、轩、斋、馆、门、廊等全部类型与相关营造技艺，是中国古代宫城发展史上现存的唯一实例和最高典范，是世界上现存规模最大、保存最完整的古代宫殿建筑群。

1914年，古物陈列所在故宫成立。1924年清皇室搬出故宫。1925年故宫博物院的成立是北京中轴线公众化进程的重要节点。它见证了中国社会从王朝统治转变为现代国家的历史巨变，具有极为特殊的意义。

重点建筑

　　故宫占地面积72万多平方米，房屋9000余间，南北长961米，东西宽753米。北以景山为靠山，南以天安门、端门为先导。周围环有长约3千米的宫墙，四面各设宫门一座，宫墙四角矗立有风格绚丽的角楼，墙外建有宽52米的护城河，整体形成一个森严壁垒的城堡。故宫的规划格局体现了以中为尊的原则，核心建筑分布于中路。依据其布局与功能，核心建筑以乾清门为界，分为"外朝"与"内廷"两大部分。中路建筑群以午门为开端，中路南部以前三殿的太和殿、中和殿、保和殿为核心，北部以后三宫的乾清宫、交泰殿、坤宁宫为核心，形成"前朝后寝"的布局形态。外朝建筑造型宏伟，庭院明朗开阔，象征封建王权至高无上；内廷建筑紧凑，庭院深邃。东路的文华殿、奉先殿、东六宫，与西路的武英殿、慈宁宫、西六宫则以中轴线东西对称。

午门

午门是故宫的正南门，居中，位当子午，故名午门。午门始建于明永乐十八年（1420），于清顺治四年（1647）重修。午门平面呈现"凹"字形，分上下两部分，下为城台，正中设方形门洞3个，两侧各有一座掖门，分别称"左掖门""右掖门"。故午门从正面（南面）看只有3个方形门洞，从背面（北面）看是5个圆形门洞，体现了中国古代建筑中"明三暗五"和"外方内圆"的设计理念。城台上为一木构门楼，正中重檐庑殿顶，黄琉璃瓦红墙体，面阔9间，进深5间。正殿东西两侧有明廊，安置有钟、鼓，每逢重大典礼时钟鼓齐鸣，是天子城门中的最高等级。城台两翼各有廊庑13间，从门楼两侧向南排开，形如雁翅，俗称雁翅楼。廊庑两端建有重檐攒尖顶的方亭。正楼与方亭、方亭与方亭之间，由廊庑连接，整座建筑主次分明、高低起伏、左右呼应，若朱雀展翅，故又有五凤楼之称。

从明代建成的北京城有明显的三凸，午门是宫城的正门，向南有端门和天安门向前延伸，这些门与左祖右舍，以宫城为依托，形成第一凸。午门既是举行盛大庆典的活动场所，又带有一定的防御功能。另外，每逢重要节日，也要在午门陈设体现皇帝威严的仪仗。午门还是举行"颁朔"礼的地方。颁朔是古代帝王于每年秋冬之交将次年的历书昭告天下的行为。历书是指导民众日常生活、农业生产及一年四季变化的重要依据，颁朔则体现了天子的统治权威。遇有大军凯旋时，还要在午门举行向皇帝敬献战俘的"献俘礼"，皇帝端坐在午门城楼，俯视将军与臣民，极大地维护了皇帝的威严。与影视剧中演绎的不同，午门并不是用于斩首的场所，但会在这里进行廷杖等惩戒措施。

太和门

太和门是故宫内最大的宫门，也是外朝宫殿的正门。太和门建于明永乐年间，建成之时称"奉天门"，后改称"皇极门"，清代叫"太和门"。太和门曾于清光绪十四年（1888）被焚毁，次年重建。

太和门坐落于汉白玉台基之上，周围有汉白玉栏板。建筑面阔 9 间，进深 4 间，重檐歇山顶，梁枋等构件施以和玺彩画。门前列铜狮 1 对，铜鼎 4 只，为明代铸造的陈设铜器。太和门的这对铜狮，左雄右雌，威武凶悍，是故宫 6 对铜狮中最大的 1 对。

太和门在明代和清初是"御门听政"之处（清康熙朝起将地点改为了乾清门），皇帝在此接受朝拜和上奏，颁发诏令，处理政事。门内是太和殿。与很多电视剧里演绎的不同，皇帝只有在大朝会、庆典、祭祀等重大活动时才会到太和殿进行。

前三殿建筑群

明朝时期，三大殿初名分别为奉天殿、华盖殿、谨身殿，后改名为皇极殿、中极殿、建极殿。清朝建都北京之初，皇极殿改名为太和殿，中极殿改名为中和殿，建极殿改名为保和殿。

太和殿，俗称金銮殿，是故宫诸殿中最大的一座，而且也是规格最高、最富丽堂皇的建筑。太和殿是重檐庑殿，殿顶满铺黄色琉璃瓦，面阔 9 间，进深 5 间。也有面阔 11 间一说，这包括了大殿两边的夹室。长宽之比为 9：5，寓意"九五之尊"。太和殿是五脊四坡大殿，从东到西有 1 条长脊，前后各有斜行垂脊 2条，这样就构成五脊四坡的屋面，建筑术语上叫庑殿式。檐角有 10 个走兽（分别为龙、凤、狮子、天马、海马、狻猊、押鱼、獬豸、斗牛、行什），为中国古建筑之特例。太和殿有直径达 1 米的大柱 72 根，其中围绕御座的 6 根是沥粉金漆的蟠龙柱。殿内有沥粉金漆木柱和精致的蟠龙藻井，殿中间是封建皇权的象征——金漆雕龙宝座，设在殿内高 2 米的台上，御座前有造型美观的仙鹤、炉、鼎，背后是雕龙屏。

故宫太和殿

　　太和殿是故宫中最大的木结构建筑，也是中国最大的木构殿宇。整座大殿装饰得金碧辉煌，庄严绚丽。太和殿是明清皇帝举行重大典礼的地方，如登基、皇帝大婚、册立皇后、命将出征等。明清两朝 24 位皇帝都曾在太和殿举行盛大典礼。此外，每年万寿节、元旦、冬至三大节日，皇帝在此接受文武官员的朝贺，并向王公大臣赐宴。

中和殿建成时叫华盖殿，一是形容皇帝的殿堂如同被华丽的伞盖所遮蔽，二是借用了五彩祥云与华盖星的祥瑞之意，因此定名。嘉靖时遭遇火灾，重修后改称"中极殿"，现天花内构件上仍遗留有明代中极殿墨迹。清顺治元年（1644），清皇室入主紫禁城，第二年改中极殿为中和殿。"中和"二字取自《礼记·中庸》："中也者，天下之大本也；和也者，天下之达道也。"中和殿立于"工"字形3层白玉陛中部之上，平面呈正方形，面阔、进深各为3间，四面出廊。门前石阶前后各三出，左右各一出，中间为浮雕云龙纹御路，踏跺、垂带浅刻卷草纹。屋顶为单檐四角攒尖，屋面覆黄琉璃瓦，中为铜胎鎏金宝顶。殿四面开门，正面三交六椀槅扇门12扇，东、北、西三面槅扇门各4扇，门两边为青砖槛墙，上置琐窗。门窗的形制则取自《大戴礼记》所述的"明堂"，避免了3座大殿的雷同。内外檐均饰金龙和玺彩画，金砖铺地。殿内设宝座，宝座前左右两侧有2只金质四腿独角异兽。中和殿有"允执厥中"匾，为乾隆御笔。典出《尚书·虞书·大禹谟》"人心惟危，道心惟微，惟精惟一，允执厥中。"这是大舜对禹的告诫：人心危险难安，道心幽微难明，只有精心一意，诚恳地秉执其中正之道，才能治理好国家。中和殿是明清皇帝在太和殿参加大型庆典前休息准备的场所，通常皇帝在此要先接受主持庆典的官员朝拜和奉事，再到太和殿参与庆典。

保和殿为故宫三大殿之最末一殿。"保和"出自《易经》，意为"志不外驰，恬神守志"，也就是神志得专一，以保持宇宙间万物和谐。保和殿匾额"皇建有极"匾，为乾隆御笔。保和殿面阔9间，进深5间（含前廊1间），重檐歇山顶，上覆黄色琉璃瓦，上下檐角均安放 9 只小兽。上檐为单翘重昂七踩斗栱，下檐为重昂五踩斗栱。内外檐均为金龙和玺彩画，天花为沥粉贴金正面龙。殿内金砖铺地，坐北向南设雕镂金漆宝座。东西两梢间为暖阁，安板门两扇，上加木质浮雕如意云龙浑金毗卢帽。建筑上采用了减柱法做法，将殿内前檐金柱减去 6 根，使空间宽敞舒适。保和殿后阶陛中间设有一块雕刻着云、龙、海水和山崖的御路石，人们称之为云龙石雕。这是故宫中最大的一块石雕，原是明朝雕刻，清朝乾隆时期又重新雕刻。图案为山崖、海水和流云之中，有 9 条口戏宝珠的游龙，它们的形象动态十足，生机盎然。9 条游龙，5 座浮山，寓意"九五之尊"。保和殿的用途在明清两代有所不同，明朝大典前皇帝常在此更衣；册立皇后、皇太子时，皇帝在此殿受贺。清朝每年除夕、正月十五，皇帝在此赐宴外藩、王公及一二品大臣，场面十分壮观。此外，赐额驸之父、有官职家属宴及每科殿试等均于保和殿举行。

太和殿、保和殿、中和殿三殿立于高大洁白的汉白玉石雕三重须弥座台基上，每层须弥座上横卧地栿，地栿之上为望柱，望柱头雕刻有云龙和凤纹的装饰，望柱间安装有栏板，栏板上雕刻有荷叶净瓶。每块栏板之间的望柱作为衔接构件，望柱与栏板的两端凿出沟槽状的榫卯，使得栏板外观错落有致。每段栏板的地栿下方有小的圆形排水口，且在望柱位置伸出圆雕的龙头。这个石质的"龙头"称为排水兽，雨季时节，每个龙头可产生良好的排水效果，形成"千龙吐水"的奇观。

乾清门

乾清门位于乾清宫前，是故宫内廷的正门。建于明永乐十八年（1420），于清顺治十二年（1655）重修。乾清门的名字来源于其所在的位置和乾清宫的名称。"乾"在中国传统文化中代表天，象征阳刚，而"清"则意味着清静、纯洁。乾清门面阔5间，进深3间，单檐歇山顶，形制较太和门低。坐落在汉白玉须弥座上，周围环以雕石栏杆。门前三出三阶，中为御路石，两侧列铜鎏金狮子一对。中开三门，门扉安设在后檐部位，门厅敞亮。两梢间为青砖槛墙，方格窗。檐下施单昂三踩斗栱，绘金龙和玺彩画。门两侧为"八"字形琉璃影壁，壁心及岔角以琉璃花装饰，花形自然逼真，色彩绚美艳丽，在阳光的照射下流光溢彩，将乾清门映衬得华贵富丽。门内有高台甬路连接乾清宫月台。整座建筑风格宏伟壮丽，体现了中国古代建筑的特点和皇家气派。

乾清门是明清两代皇帝处理日常政务的地方，也是连接外朝和内廷的重要门户，清代的"御门听政"、斋戒、请宝接宝等典礼仪式都在乾清门举行。乾清门以及周围的乾清宫、交泰殿、坤宁宫等建筑组成了故宫内廷的政治中心，与外朝的太和殿、中和殿、保和殿形成了鲜明的对比，体现了中国古代"内外有别""政令分离"的宫廷布局原则。此外，乾清门还是宫廷侍卫的值勤地点，显示了其重要的战略位置。

后三宫建筑群

明清两代，后三宫指的是乾清宫、交泰殿和坤宁宫，是内廷的核心建筑群。后三宫建筑群的布局严谨，反映了中国古代的宇宙观和社会秩序，即天（乾）、地（坤）和人与自然的和谐（交泰）。这些宫殿不仅是皇帝和皇后生活和进行政治活动的地方，也是显示皇权至上和儒家文化价值观的重要场所。

乾清宫作为故宫内廷正殿，在规模上居内廷后三宫之首。始建于明永乐十八年（1420），明清两代曾因数次被焚毁而重建，

乾清宫

现有建筑为清嘉庆三年（1798）所建。乾清宫面阔9间，进深5间，重檐庑殿顶，坐落在单层汉白玉台基之上。重檐庑殿顶，覆以黄色琉璃瓦，自台面至正脊高20余米，檐角置脊兽9个，檐下上层单翘双昂七踩斗栱，下层单翘单昂五踩斗栱，饰金龙和玺彩画，三交六椀菱花槅扇门窗。殿内明间、东西次间相通，明间前檐减去金柱，梁架结构为减柱造形式，以扩大室内空间。后檐两金柱间设屏，屏前设宝座，宝座上方悬"正大光明"匾。东西两梢间为暖阁，后檐设仙楼，两尽间为穿堂，可通交泰殿、坤宁宫。殿内铺墁金砖。殿前宽敞的月台上，左右分别有铜龟、铜鹤，日晷、嘉量，前设鎏金香炉4座，正中出丹陛，接高台甬路与乾清门相连。

乾清宫在明清两代是皇帝的寝宫，也是皇帝处理日常政务的地方。作为明代皇帝的寝宫，自永乐皇帝朱棣至崇祯皇帝朱由检，共有14位皇帝曾在此居住，也曾作为明代皇帝守丧之处。清代康熙以前沿袭明制，自雍正皇帝移住养心殿后，乾清宫即作为皇帝召见廷臣、批阅奏章、处理日常政务、接见外藩属国陪臣和岁时受贺、举行宴筵的重要场所。一些日常办事机构，包括皇子读书的上书房，也都迁入乾清宫周围的庑房，乾清宫的使用功能大大丰富。乾清宫内的"正大光明"匾后，是清代雍正帝创立秘密建储制存放建储匣之处，匣内藏皇帝选定并御笔亲书的皇位继承人名字。皇帝死后，取下匣子共同验证，由秘密指定的皇子即位。

交泰殿位于乾清宫（天）和坤宁宫（地）之间，取名于"天地交泰"的寓意，象征着"天地交合、康泰美满"。交泰殿平面为方形，面阔、进深各3间，单檐四角攒尖顶，黄色琉璃瓦，双昂五踩斗栱，梁枋饰龙凤和玺彩画。四面明间开门，三交六椀菱花，龙凤裙板槅扇门各4扇，南面次间为槛窗，其余三面次间均为墙。殿内顶部为盘龙衔珠藻井，地面铺墁金砖。明间设宝座，上悬康

故宫交泰殿

熙皇帝御书"无为"匾，宝座后有板屏一面，上书乾隆皇帝御制《交泰殿铭》。东次间设铜壶滴漏，乾隆年后不再使用。西次间设大自鸣钟，宫内时间以此为准。交泰殿是重大节日时皇后接受朝贺的场所。清代，在这里存放象征皇权的玉玺。

坤宁宫面阔9间，进深3间，重檐庑殿顶，黄琉璃瓦。原是清代皇后的居所，雍正以后，皇帝移住养心殿，皇后也不再住坤宁宫。清顺治十二年（1655）改建，原明间开门为东次间开门，原槅扇门改为双扇板门，其余各间的棂花槅扇窗均改为直棂吊搭式窗。室内东侧两间隔出为暖阁，作为居住的寝室，门的西侧4间设南、北、西三面炕，作为祭神的场所。与门相对后檐设锅灶，作杀牲煮肉之用。坤宁宫改建后成为专供萨满教祭神的场所。

奉先殿

奉先殿位于故宫内廷东侧，建立在白色须弥座上，四周设栏板、龙凤纹望柱。殿分前后，前为正殿，后为寝殿，中间以穿堂连接，形成内部通道，俗称"工"字形殿。正殿面阔9间，进深4间，黄色琉璃瓦重檐庑殿顶，檐下彩绘金线大点金旋子彩画。殿内设列圣、列后龙凤神宝座，笾豆案，香帛案，祝案，尊案等。后殿面阔9间，进深2间。黄色琉璃瓦单檐庑殿顶，外檐彩画亦为金线大点金旋子彩画。殿内每间依后檐分为9室，供列圣、列后神牌，为"同殿异室"规制，各设神龛、宝床、宝椅、樿枕，前设供案、灯檠。奉先殿为明清皇室祭祀本朝祖先的家庙，每年元旦（春节）、冬至、万寿（皇帝的生日）、册封及先帝、先后圣诞（生日）、忌辰（死日）、清明等，都在奉先殿祭祀列祖列宗。

御花园

御花园位于坤宁宫后方，明代曾称宫后苑，清雍正时起称御花园。全园南北深 89 米，东西宽 135 米，占地面积 12015 平方米，是故宫内年代最早、面积最大的宫廷园林。园内主体建筑为钦安殿，位于故宫的南北中轴线上，坐落在汉白玉单层须弥座上，面阔 5 间，进深 3 间，重檐盝顶，黄琉璃瓦，极具特色。园内佳木葱茏、奇石罗布，形成四季常青的园林景观，主要有三大特色：其一，建筑布局对称而不呆板，舒展而不零散。以钦安殿为中心，殿、亭、楼、阁等 20 多座不同形式的建筑向前方及两侧铺展开来，玲珑别致，疏密合度。其中浮碧亭和澄瑞亭、万春亭和千秋亭两对亭子东西对称排列，最具特色。浮碧亭和澄瑞亭为横跨于水池之上的方亭，朝南一侧伸出抱厦；万春亭和千秋亭为上圆下方、四面出抱厦、组成十字形平面的多角亭，体现了"天圆地方"的传统观念。其二，园中奇石罗布，佳木葱茏。园内古树散布各处，又放置各色山石盆景，千奇百怪。其三，彩石路面，古朴别致。园内甬路均以不同颜色的卵石精心铺砌而成，组成 900 余幅不同的图案，有人物、花卉、戏剧、典故等，妙趣无穷。御花园建筑群是明清皇家游赏、休闲的场所，兼具祭祀、颐养、藏书、读书等功能。

神武门

神武门是故宫的北门，也是故宫的最后一道大门，明称玄武门，清康熙年间重修时，为避康熙帝玄烨名讳改称神武门。神武门形制较午门稍低，门总高 31 米，平面矩形。基部为汉白玉须弥座，城台辟门洞 3 券，上建城楼。城楼为汉白玉台基，面阔 5 间，进深 1 间，四周围廊，环以汉白玉栏杆。楼为重檐庑殿顶，黄色琉璃瓦覆顶，朱红色的城墙和柱子，以及白色的石阶，形成了鲜明的对比，显得格外庄重和威严。楼内顶部为金莲水草天花，地面

故宫神武门

铺墁金砖。由郭沫若题写的"故宫博物院"牌匾悬挂在神武门上。神武门在明清是日常出入宫城的重要管理出入口,明清两代皇后行亲蚕礼即由此门出入。清代每三年选一次秀女,备选者经由此偏门入宫候选。1924年逊帝溥仪被逐出宫,即日出宫之时亦由此门离去。楼内设有钟鼓,兼具报时的功能。

清晨,温柔的阳光照耀着古老的故宫,千万片金色琉璃瓦在阳光下熠熠生辉。几位物业员工正在细心地清洗着观众座椅,开放部门的员工已经领来了钥匙,准备打开通向御花园的顺贞门,迎接到访的第一批游客。走出神武门,在前往故宫北面纵贯全城中轴线的制高点——景山的途中回望,神武门上"故宫博物院"5个大字格外醒目,城楼东西两侧视野开阔,故宫东北角楼和西北角楼倒映在护城河面,随着碧水清波荡漾。

景山前街上，有遛弯儿的老人、赶路的行人……一派和谐景象，联想到百年前这一区域还是封建禁区，普通民众不得进入，与现今对比，不由得心生感慨。

大运河漂来紫禁城

2000余年来，大运河以其沟通南北、漕运货运的强大功用，孕育了沿岸各城市文化。对于终点北京、对于紫禁城来说，尤其有着特别重要的意义。我常说，**紫禁城是大运河上漂来的**，许多媒体也喜欢引用这句话。事实上，在紫禁城建造初期，大量的建造材料、工匠都是顺着大运河运到北京的；大运河上漂来的粮食等物资，为紫禁城作为皇宫的运营提供了物质支持；包括康熙、乾隆皇帝在内的统治者，多次顺着大运河南下，吸取他们需要的文化；还有更重要的，大量的人才、独具特色的各个地区的文化，通过大运河源源不断地进入京城。从某种程度上说，整座北京古城都是从运河上漂来的。

中国的传统建筑主要以夯土墙、砖石墙和木结构为主体，因此砖瓦与木料用量极多。尤其是对于有大小宫殿70多座、房屋9000多间的紫禁城来说，假若没有这条大运河，想必建筑用料就只能就地取材，肯定不会像实际营造过程中那样从五湖四海挑选更有质量保证的材料，并运送到北京建成紫禁城了。

紫禁城的营造用材中，最难采集和运输的首推石料。比如天安门前的华表，金水桥，紫禁城各大殿台基、石阶、护栏和各种雕饰等都是用汉白玉制作的，因此石料用量非常大。汉白玉这种白色石料的产地多集中在北京西南郊的房山、门头沟等地，花岗岩则来自离北京200千米之遥的河北曲阳。在明清时期，远距离运送巨大而沉重的石料确非易事。于是聪明的工匠想出了旱船滑冰的办法，即在沿路打井，取井水泼在地上，结成冰，再将石料放在冰上，以人力拉拽前进。这虽然不是运河运输，却也是仰仗"滴水成冰"的特性，堪称人与自然相处过程中形成的智慧。

故宫三大殿南北两面都有巨大的丹陛石，这些丹陛石都由汉白玉雕刻而成。其中保和殿后的丹陛石由整块巨大的汉白玉雕刻而成，长 16.75 米，宽 3.07 米，厚 1.70 米，重达 250 吨，是紫禁城中最大的一块，也是中国最大的一块。上面刻着 9 条吞云吐雾、威严赫赫的神龙，石雕下则有 5 座流云水纹的宝山，石雕周围刻有精美大花纹，故称"云龙石雕"。这块可以说是前所未有的宫殿用巨石料，从开采到运送到紫禁城，耗费了极为庞大的人力物力。仅仅是从山中开采这一项，就征用了 1.6 万人。在运往京城的漫长道路上，因为要创造出泼水成冰道的效果，官府更是动用了大量的人力物力，周转腾挪。运送动用了 2 万余民工、千余头骡子，运送方式是每一里挖一口井，然后从这一路上的 140 多口井里汲水，利用隆冬严寒泼水于路，形成厚厚的冰道，用粗大的绳索在冰道上拖曳巨石前行。就这样一路喊着号子，热火朝天地用了 28 天运到京城。

在明初修建紫禁城时，备料工作持续了近 10 年，各地的石料、木料被采集、输送到北京后，现场施工才大规模地开始。把备料和现场施工加在一起，前后历时 13 年，紫禁城方才建成完工。与产自北方的石料相比，巨大木料的运输过程注定更加曲折，因为这些木质优良、不易变形和开裂、易加工、耐腐朽的珍贵名木大多产自西南地区的崇山峻岭中，经过千辛万苦才能砍伐、运输到山沟，再编成木筏，等待雨季涨水时推入江河，沿流北上。这些名贵木材在沿路有官员值守，从不同的砍伐地点到北京，短则两三年，更长久的要四五年。有些木料在长途运送过程中不慎滑入旋涡，年深日久，便能形成所谓的"乌木"。比利时耶稣会士金尼阁整理翻译利玛窦的意大利文日记而成的《利玛窦中国札记》中，曾提到过紫禁城宫殿建筑修缮所需木材的运输方式。书中提到，人们通过运河把大量的木料运到京城，用于皇宫的建筑和修缮。运河沿岸几千名纤夫步履艰难地拖着一根根大梁扎成的长蛇般的木筏，后面还拖着其他木料。他们有的一天要走 5 千米路。木料来自中国遥远的四川省，运到京城有的需要两三年。每根大梁要耗 3000 两银子，有的木筏长达 1 千米。

在北京通州至今尚存的砖厂、皇木厂等地名，就是因储存"金砖"、皇木等建筑材料而得名。通州张家湾镇皇木厂村还遗留下几十块重达数吨或数十吨的花斑石。通州三教庙还陈列着在运河出土的 10 余米长的千年皇木。

保护与变迁

近代中国的博物馆事业发轫于 1905 年。1925 年，原清宫所属的紫禁城建成为故宫博物院，实现了从封建王朝禁宫到公众博物馆的历史转变，成为中国博物馆事业发展的重要标志之一。故宫博物院是建立在明清两代皇宫的基础上，兼容建筑、藏品与蕴含丰富的宫廷历史文化为一体的中国最大的博物馆，也是世界上极少数同时具备艺术博物馆、建筑博物馆、历史博物馆、宫廷文化博物馆等特色，并且符合国际公认的"原址保护""原状陈列"基本原则的著名博物馆。

故宫博物院古建部的赵鹏老师向我们介绍了文物建筑保护的情况。故宫博物院的重要展览特色之一是原状陈列，特别是以中轴线上的太和殿、中和殿、保和殿，以及乾清宫、交泰殿、坤宁宫为主。实际上，在故宫内还有一组非常重要的宫殿建筑应该开放成为原状陈列的展厅，这组宫殿建筑以乾清宫为中心，东西向排开，包括乾清宫西侧的养心殿、慈宁宫、寿康宫，乾清宫东侧的毓庆宫、奉先殿、宁寿宫等，分别是皇帝、太上皇、皇太后、皇子的生活区域，其中奉先殿是祭祀祖先的殿堂。

重视祭祀祖先是中国传统文化礼仪的显著特点。明太祖朱元璋遵循宋代曾于宫中崇政殿之东建祭祀祖先的钦先孝思殿之制，下令在南京应天府乾清宫东侧建奉先殿，作为家庙祭祖。明永乐帝迁都北京后，按太祖之制在紫禁城内建奉先殿及神厨、神库等祭祀建筑，祭祀制度遵循太祖所议定。现存古建筑群为清顺治十四年（1657）重建，后经康熙、乾隆两朝改建后的建筑格局。奉先殿祭祖清沿明制，前殿为正祭与合飨的场所，设皇帝、皇后宝座及祭祀陈设器物等；后殿为寝室，设暖阁及神龛，暖阁内外均有祭祀陈设，并按"同殿异室"制度设帝后神位。

奉先殿坐落在月台之上，月台四周设栏板、龙凤纹望柱。建筑为"工"字形平面，前为正殿，中为穿堂，后为寝殿，殿内皆以金砖铺地。前殿黄色琉璃瓦重檐庑殿顶，檐下彩绘金线大点金旋子彩画；面阔9间，进深4间；殿内檐为满堂浑金旋子彩画、浑金金莲水草天花；殿内设列圣、列后龙凤神宝座，笾豆案，香帛案等。后殿黄色琉璃瓦单檐庑殿顶，外檐彩画为金线大点金旋子彩画；面阔9间，进深2间；殿内分为9室，供列圣、列后神牌，各设神龛、宝床、宝椅、衣架、供案、戳灯等。前后殿之间以穿堂相连，形成内部通道。

中华人民共和国成立后，1955年为配合雕塑展览，故宫博物院对奉先殿区域古建筑进行全面修缮。1955年10月，敦煌文物研究所与故宫博物院在奉先殿筹办敦煌艺术展览，展品包括从北魏到元代综合展品共 600 余件，还包括敦煌莫高窟第 285 号窟的原状模型，说明当时奉先殿前殿内家具、器物等陈设均已撤出。1956 年 9 月，第二机械工业部借用奉先殿举办展览，后殿内暖阁及神龛因 "供龛雕饰精致，与建筑物具有同等艺术价值" 得以保留。1958 ～ 1966 年，奉先殿一直作为雕塑馆面向公众开放，前殿内已全部改陈为雕塑馆展览，穿廊槅扇门保留；后殿的前半部为雕塑展览，后半部的暖阁及神龛被展板封挡，依旧保留。

1966 年，为配合 "收租院" 泥塑展，扩大展览空间，拆除了后殿内暖阁及神龛，又拆除了奉先殿古建筑穿堂的装修，将前后殿连为一体，至此，奉先殿成为空旷的大型展厅。1966 年 11 月，拆除了奉先殿院内乾隆年间添建的琉璃焚帛炉。1980 年，故宫博物院将钟表馆搬迁至奉先殿，直至 2017 年，奉先殿前后殿一直作为故宫博物院钟表馆进行展陈。2017 年 7 月，故宫博物院开展 "奉先殿研究性保护项目"，腾退了钟表馆的全部展品。

奉先殿暖阁、神龛等被拆解后辗转 4 次保存，构件部分丢失、普遍残坏。其中文物构件登记在册 2434 件，未统计雕刻类碎件近千件，整理、统计、数字化的工作量很大。奉先殿神龛的建造经过清朝不同朝代的制作，如今不同朝代的构件已混在一起，如何对全部构件进行断代，也具有很大的挑战，需要多学科的参与，通过构件定位、材料鉴定、工艺做法分析等手段才能完成。同时，缺失的结构性构件需要进一步补配。

奉先殿建筑整体结构稳定，主要针对下架油饰、院落地面进行日常保养维修；同时，在研究性保护项目的理论体系内，全面记录建筑现状，传承小木作等营造技艺，综合开展奉先殿建筑的价值认识、评估和阐释工作，并做好环境整治和基础设施建设。目前，通过"奉先殿研究性保护项目"，恢复了奉先殿的祭祖原状，对故宫世界文化遗产的完整性保护具有重要的意义，也使奉先殿成为现阶段唯一一处具有大量珍贵文物的真实的清朝皇家祭祖场所。同时，"奉先殿研究性保护项目"的科研工作具有高度学术价值，将成为文化遗产保护的经典案例，对故宫文化遗产保护事业的发展亦有重要的推动作用。

故宫角楼

故宫内有1200座古建筑，其中建福宫花园位于故宫西北区域，这是一座清代乾隆初年建成的宫廷花园，因其随建福宫而建，称为建福宫花园。建福宫花园虽然占地仅4000余平方米，但是园内有建筑10余座，殿堂宫室、轩馆楼阁，不仅建筑形式各异，而且布局也较灵活。花园东部以轴线控制，布局不失皇家建筑的严谨氛围；西部以延春阁为中心呈向心式布局，建筑形式多体现出乾隆时期灵活多变、丰富多彩的特点。乾隆皇帝对建福宫花园非常满意，将其珍爱的奇珍异宝收藏于此。此后，建福宫花园一带一直被作为皇家珍宝的收藏场所。

1923年6月，建福宫花园内静怡轩、延春阁、敬胜斋及中正殿等建筑皆焚于火，这座瑰丽的皇家花园连同无数珍宝化为灰烬。1999年，故宫博物院启动了建福宫花园复建工程，工程由中国文物保护基金会捐资支持。2006年5月，建福宫花园复建工程顺利竣工。其中，延春阁是建福宫花园中的主体建筑，外观虽为2层，内实为3层，为有夹层的楼阁式设计，其中底层隔间较多，而且真门、假门分置其中，一旦身临其境，即令人虚实莫辨，因此有"迷楼"之称。此阁为观景之地，是赏雪、听雨、观花的理想地点。

"百年大修"

由于历史原因，故宫筒子河内侧与城墙之间，有一些单位及数百户居民，在狭窄的通道内堆满易燃物品，存在严重火灾隐患。当时筒子河两侧有465条管道向河内排放污水，同时沿岸一些单位和居民将生活垃圾、工程渣土等倾入河内，有些地方甚至堆积到了水面。

1997年春天，北京市文物局开展故宫筒子河治理行动，提出"把一个壮美的紫禁城完整地交给21世纪"的目标。一是搬迁

故宫全景

筒子河内侧与城墙之间的单位和居民。二是进行筒子河古建筑及河墙的抢险保护修缮。三是实施污水截流，彻底解决向故宫筒子河内排放污水的问题。四是开展筒子河清淤。

经过努力，故宫筒子河整治工程达到了预期目标，成为一次有意义、有声势、有影响的文化遗产保护行动，既解决了长期以来未能解决的问题，也提高了社会公众保护世界文化遗产的意识。如今，无论春夏秋冬，每天从清晨到夜晚，总有众多摄影爱好者，把故宫角楼和筒子河组成的绝佳景色拍摄下来，传向世界各地。

故宫前三殿的排水功能格外引人注目。三大殿坐落在一个8米多高的"工"字形台基上，分为3层。在台基四周栏杆底部，有排水的孔洞，每根望柱下还有一个雕琢精美的石龙头，是主要的排水口。3层共有石龙头1142个。雨水逐层下落，使得台面无积水，在暴雨时，会呈现"千龙出水"的景象，蔚为壮观。

故宫的排水系统规模极为庞大，现存古代雨水沟长度超15千米，暗沟长度近13千米。每年雨季前，相关部门都会对其进行维修与保养。故宫排水系统凝聚着世代传承的"工匠精神"，在"天时、地利、人和"等多种因素共同作用下，形成了今天强大的排水防灾能力。

如今，故宫内留存着明清官式古建筑的各类样式，犹如一部百科全书，全面展现了明清时期的宫廷风貌。故而，故宫的每一座古建筑都独一无二，对它们的每一次维修保护，均应视作"研究性保护项目"，绝不能等同于普通的土木工程与建筑工程，且应力争成为古建筑保护修缮的标杆范例。

事实上，故宫的每一栋古建筑，都有它的生命历程，对于不同阶段所留下的历史信息都应该进行深入挖掘，就像考古发掘一样，注重每一处考古遗址历史信息的研究。最大限度地保留古建筑的历史信息，不改变古建筑的文物原状，进行古建筑传统修缮的技艺传承，这三项原则应该贯穿于故宫古建筑的修缮过程中。

故宫官式古建筑在建造、维修的过程中，形成了一整套具有严格形制的宫殿建筑施工技艺。传统上，官式古建筑营造技艺包括"瓦、木、土、石、搭材、油漆、彩画、裱糊"等八大作，其下还细分了上百项传统工艺，每一个工艺里都蕴含着古人的智慧。

故宫官式古建筑保护与传承的关键是人才，没有传承人就不能保障质量。但是，近年来故宫古建筑修缮工程，也像社会上一般的土木工程一样，都必须采取招投标的方式确定修缮队伍，而且故宫博物院原有的古建筑修缮队伍，按照规定不能参加自己单位的招投标，为此曾经在业界引以为傲的故宫古建筑修缮队伍，于2010年被迫解散。

在古建筑修缮的体制保障方面，若按一般建筑工程项目管理，采用"项目招投标"方式实施管理并引入市场竞争，通常会以综合报价或"谁报价低就用谁"的单一标准确定施工单位。然而，在这种模式下，古建筑修缮工程中标后施工方多临时招募工人，这导致工作状况不稳定，修缮队伍技术水平也普遍下降。

2015年11月，全国政协召开"非物质文化遗产传承与保护"双周协商座谈会，故宫古建筑修缮中存在的困难和问题，受到全国政协俞正声主席的高度重视，要求特事特办地解决故宫这一特殊建筑传承的困难。这一重要批示，成为故宫博物院完善古建筑修缮机制的重要机遇。

2002年经国务院批准的故宫整体修缮工程，经过18年的实施，在2020年全面完成，故宫古建筑群更加壮美。这是百年以来，规模最大、范围最广、时间最长的一次故宫古建筑修缮，是对历经几百年风雨的故宫古建筑群进行的前所未有的大规模修缮，实现了"把一个壮美的紫禁城完整地交给下一个 600 年"的愿望和承诺。

故宫大高玄殿修缮工程

宫墙下的灵动守护者

故宫，是一座承载着数百年历史与文化的宝库。我在故宫工作的那些年，与这座宏伟的宫殿朝夕相伴，见证了无数动人的故事。而在这红墙黄瓦之间，有一群特殊的"居民"，给庄严的故宫带来了别样的生机与活力，它们就是故宫里的猫。

初次留意到这些猫，是在一次日常巡查中。那是一个阳光正好的午后，我沿着宫殿的回廊前行，忽然，一抹橘色的身影从墙角一闪而过。我停下脚步，定睛一看，原来是一只橘猫正悠闲地趴在台阶上晒太阳，它身上的毛在阳光下闪烁着温暖的光泽。见了我，它只是懒洋洋地抬了抬头，便又继续眯着眼享受阳光。那一刻，我心中涌起一股别样的温情，在这座古老的宫殿里，竟有着如此灵动的小生命。

故宫里的猫，来源多样。有些是原本就在故宫周边生活的流浪猫，随着故宫环境的日益改善，它们渐渐"搬"进了故宫；还有些是工作人员出于爱心收养的。这些猫在故宫里可谓是"自由散漫"，它们穿梭在宫殿的各个角落，仿佛在探寻着这座宫殿隐藏的秘密。它们的存在，也并非偶然。故宫作为木质结构的古建筑群，一直面临着鼠患的困扰。这些猫的到来，自然成了守护故宫文物的"奇兵"。它们用自己的方式，守护着这座宫殿的安宁。

在故宫的日子里，我结识了不少"猫朋友"，其中有一只叫"鲁班"的猫，让我印象尤为深刻。鲁班是一只黑白相间的猫咪，它聪明伶俐，特别喜欢在宫殿的屋脊附近活动。每次看到它在那高高的屋脊上行走如飞，我都不禁为它的敏捷身手赞叹。我常想，鲁班是不是也被故宫的建筑艺术所吸引，所以才喜欢在那能俯瞰整座宫殿的地方驻足呢？

故宫里的猫，也成了游客们喜爱的对象。许多游客来到故宫，除了欣赏宏伟的建筑和珍贵的文物，还会特意寻找这些猫咪的身影。有一次，我看到一群小朋友在故宫里兴奋地奔跑着，原来他们是在寻找一只传说中的"御猫"。孩子们纯真的笑声在宫殿间回荡，那一刻，我深刻地感受到，这些猫不仅是故宫的守护者，更是连接故宫与游客情感的纽带。它们让这座古老的宫殿变得更加亲切、可爱。

为了照顾好这些猫，故宫的工作人员也付出了不少心血。我们专门为它们制定了"养猫计划"，安排专人负责投喂和照顾。在故宫的一些隐蔽角落，还设置了猫窝，让它们在寒冷的冬天也能有温暖的栖息之所。工作人员会定期为猫咪们进行体检，确保它们的健康。每一只猫都有自己独特的名字，这些名字的背后，都有着一段有趣的故事。比如有一只猫因为总是在御花园的花丛中穿梭，就被取名为"花花"；还有一只猫长得胖乎乎的，特别贪吃，大家就叫它"胖墩"。

在故宫的岁月里，这些猫陪伴着我度过了许多难忘的时光。它们就像故宫的精灵，为这座古老的宫殿增添了一抹灵动的色彩。它们见证了故宫的日出日落，见证了无数游客的欢笑与惊叹。每一次看到它们在宫墙下悠然自得的身影，我都能感受到生命与历史的奇妙交融。

如今，我虽然离开了故宫，但那些猫的身影依然时常在我脑海中浮现。我知道，它们还在那红墙黄瓦间继续着自己的生活，守护着故宫的每一寸土地。它们是故宫不可或缺的一部分，是历史与现代交织的生动见证。每当我回忆起在故宫的日子，那些与猫相伴的瞬间，总是充满了温暖与感动。它们用自己的方式，诠释着这座古老宫殿的独特魅力，也让更多的人感受到了故宫的温情与活力。

景山

中国宫苑传统规划理念践行者

始建年代：金代时在此堆土成丘。元代是大都城
内的小土丘。明永乐年间挖掘紫禁城
筒子河和太液池的泥土堆积于此，形
成了一座人工山，称万岁山，俗称煤
山。清顺治十二年（1655）改名景山。

地理位置：位于北京市西城区景山前街，坐落在
明清北京城的中轴线上，故宫神武门
对面。

功　　能：明清时期皇家园林的一部分，用于观
景、休憩等。现代是北京的公园之一。

景山是明清
北京内城的中心
点，元时成为纵
贯全城中轴线的
制高点，地理位
置十分显要，是
北京中轴线文脉
不可或缺的组成
部分。景山集高
大的山体、秀美
的园林建筑和

远眺钟鼓楼与景山

华丽的宫殿建筑于一体，极大地丰富了北京中轴线的景观序列，
其与故宫共同组成的布局关系，展现了中国宫苑传统规划理念。

"煤山"无煤

故宫北面原有一个小山丘，名为青山。明成祖住进紫禁城后，
命人在青山脚下堆放煤炭，以防元朝残部围困北京，从而引起燃
料短缺，因此该山又俗称煤山。此后，明永乐年间营建北京城、
修建皇宫时，按照中国风水理论，在元代后宫正殿延春阁旧址
上，巧妙地利用修筑紫禁城开挖护城河的泥土，以及拆除元代皇
宫及城墙废弃的渣土，在煤山处人工堆筑起一座土山，意在压制
前朝的风水，所以这座土山在明朝前期称为镇山。明万历年间，
沿袭金中都宫殿之后有万岁山的传统命名为万岁山。崇祯十七年
（1644），明帝在万岁山自缢。清顺治年间万岁山改称为景山，
成为北京城中"君临天下，皇权至上"极为鲜明的标志，使北京
中轴线的内容更加丰富，把几千年来人们对城市设计的文化智慧、

时空想象都集中体现在中轴线的创新与发展上，达到了中国古代都市设计的最高峰。

据北京市文物局资料显示，景山海拔 94.2 米，实际上相对高度只有 45.7 米。景山整体呈形态规整的长方形，有院墙围绕，以中轴线居中对称布局，景山南门、绮望楼、万春亭、寿皇殿牌楼、南琉璃门、寿皇门、寿皇殿等自南向北依次分布于轴线之上。经过发展，景山逐步成为集佛、道、官、儒为一体的综合性皇家宫苑。

重点建筑

绮望楼

绮望楼正对景山南门，位于景山前山脚下，修建于清乾隆十五年（1750）。明代这里曾建有一座五开间的大殿，称为山前殿，皇帝经常在此宴请各地来京朝贺的文武官员、部落首领及公使等。绮望楼坐北朝南，背负高山，面阔 5 间，进深 3 间，上下两层，歇山重檐顶，黄琉璃瓦，箍头脊，梁、架均饰有彩画，明间悬满汉文书匾额"绮望楼"。楼前建有三出陛月台，四周有汉白玉栏板。总建筑面积 201.92 平方米。清代，绮望楼是供景山官学的学子供奉孔子牌位的场所。取名"绮望楼"，意思是这里是登高远望、观赏美丽景致的地方。

寿皇殿建筑群

位于景山正北面的一组建筑——寿皇殿建筑群，是北京中轴线上除故宫之外的第二大建筑群，为皇家祭祖活动的场所，总占地面积约 21200 平方米，总建筑面积约 3800 平方米。寿皇殿始建于明万历年间，曾偏居景山苑内东北隅。清乾隆十四年（1749），寿皇殿建筑群在景山的正北重建，坐落在北京中轴线上，成为清代北京城规划形成以来中轴线上唯一加建的重要建筑群。

寿皇殿建筑群布局严谨，有寿皇门、正殿、左右配殿，以及神厨、神库、碑亭、井亭等附属建筑。垣墙方形，南墙正中辟券门3座，门前有石狮一对和四柱九楼木牌坊3座，进为寿皇门，正北为寿皇殿正殿。寿皇殿整体建筑是仿照太庙的规制而建，属中国古代最高等级的建筑形式。正殿坐北朝南，下有须弥座台基，前后带廊，殿前有月台，围绕有汉白玉望柱栏板，前正中有御路，东西有配殿各5间。面阔9间，进深3间，重檐庑殿顶，覆黄琉璃瓦，上檐重昂七踩斗拱，下檐为重昂五踩斗拱，大木架结构绘以和玺彩画，气势恢宏。檐下明间有满汉文木匾额曰"寿皇殿"。明清时期，寿皇殿是皇家举行祭祀祖先活动的场所，在寿皇殿中陈设帝后御影，每年皇帝要按照节令祭日和相关规定，到景山寿皇殿祭祀祖先。寿皇殿建筑群充分展示了中华民族的祭祀文化，体现了皇家祭祀礼乐、敬祖和孝道文化。

1956年1月，北京市少年宫正式在景山寿皇殿成立，自此形成了"一园两治"的管理模式。2013年12月，寿皇殿建筑群正式回归景山公园，并全面恢复清乾隆十四年（1749）的历史面貌，达到全面保护文物古建筑的目的。2018年11月，景山公园寿皇殿建筑群经过4年规划、修缮、布展，开始接待观众。这是北京中轴线上最后一座对公众全面开放的古建筑群。至此，北京中轴线上的古建筑首次实现整体亮相。寿皇殿系列展览作为常设展览，向观众宣传中华优秀传统文化，助力北京中轴线文化宣传展示。

景山五亭

明万历年间，在地势平坦的景山北部修建起大量亭台、楼阁与宫殿。清乾隆年间又在景山进行大规模改造扩建，山上有五峰，各建一亭，以供清代皇家登高时休闲纳凉。其中，中腰两亭，东名周赏、西名富览；低峰两亭，东名观妙、西名辑芳；正中主峰为万春亭。万春亭在景山最高处，建筑形制最高，两侧亭台在平面形式、尺寸、屋顶形态与色彩等方面对称，在建筑等级上依次递减。

万春亭高 17.4 米，平面呈四方形，共 36 根柱子，建筑面积292.4 平方米。3 层重檐式四角攒尖顶，上檐和中檐均为九踩三昂斗拱，下檐为七踩重昂斗拱，黄琉璃筒瓦绿剪边屋面，气势雄伟。顶置黄色琉璃宝顶，檐下额枋彩绘旋子大点金龙锦枋心，是中国皇家等级最高的彩绘形式。万春亭被誉为北京中轴线上的制高点，站在万春亭上可以俯瞰北京全城的壮丽景色，被人们称为"京华

景山公园山顶的万春亭

览胜第一处"。周赏亭与西侧的富览亭相对而建，两座亭子的建筑形式和彩绘完全相同，为重檐圆攒尖顶，孔雀蓝琉璃瓦覆顶，紫晶色琉璃瓦剪边，亭高 11.75 米，建筑面积 76.36 平方米。观妙亭与西侧的辑芳亭相对而建，均为重檐八角攒尖顶，翡翠绿琉璃瓦覆顶，黄琉璃瓦剪边，亭高 12.05 米，建筑面积 90.30 平方米。

五亭内供有佛像五尊（毗卢遮那佛、宝生佛、阿閦佛、阿弥陀佛和不空成就佛）。1900年，八国联军占领北京，景山受到严重破坏，景山五亭内的佛像有四尊被掠走，各殿陈设宝物也被洗劫一空，万春亭内的毗卢遮那佛因体积太大，无法搬运，佛臂被损毁。

五亭依山就势，对称协调，是中国古典园林中的佳作。它们不仅具有城市景观功能，而且进一步突出了北京中轴线的对称布局和中心制高点的确立，将中轴线的整齐、对称推向极致，起到了画龙点睛的作用。

皇城靠山

在古人的建筑风水理念里，"背山面水"是极为理想的居住环境模式。在北京城的建造过程中，调形理气的运用极为显著。位于皇宫北面的景山，实则是人工堆砌而成，它构成了紫禁城的靠山。按照"青龙、白虎、朱雀、玄武，天之四灵，以正四方"的传统风水理论，紫禁城之北属于玄武之位，理应有山，故而在地势平坦的北京小平原上，便耸立起了这样一座独特的土山。而皇宫前方的金水河，也是人工挖掘而成，通过在南面引入河水，构建出山水环绕的布局，成为紫禁城内别具意义的面水景致。景山与金水河相互呼应，一同塑造了紫禁城背山面水的整体格局。

景山不仅使皇宫建筑群即紫禁城有座倚山，又增加了中轴线的重要节点，也是北京城市的制高点。古时山上嘉树葱郁，鹤鹿成群，中峰之顶设石刻御座，两株古松覆荫其上，如同华盖，为重阳节皇帝登高之所在。同时，冬天景山的高大山体可以挡住寒冷的西北风，为皇宫营造出温暖的小气候。显然这一举措不仅仅是为了处理开挖的河泥和废弃的土渣做出的权宜之计，而且是实现营建紫禁城宫殿整体规划的一个不可或缺的组成部分。

清代在景山 5 座山峰上建造的 5 座亭式建筑，形成五峰东西并峙格局，而全城的几何中心则位于万岁山主峰，成为俯瞰紫禁城的最佳地点。尤其站在景山万春亭，清晰完整的北京中轴线和紫禁城建筑布局一览无遗。景山历经数百年沧桑，是中国古代哲学思想与建筑艺术的完美结合。

全城高点

1928 年，景山被辟为公园，属故宫博物院管理，修葺后供游客游览。1933 年冬，故宫博物院拟对景山五亭进行修复，委托中国营造学社进行勘查。梁思成先生通过实测拟订《修理故宫景山万春亭计划》，立即得到了故宫博物院方面的采纳。直至 1947 年 9 月 25 日修订《国立北平故宫博物院组织条例》，仍然明确景山由故宫博物院掌管。1950 ～ 1955 年，景山曾被作为军队的防空阵地，设置雷达、探照灯等设施。1955 年，防空阵地被撤销后，原处改建为北京市少年儿童文化公园，并在其中设立少年宫、儿童体育场等场所。之后，北京市少年宫投入使用，景山公园也重新开始迎接游客。如今，从故宫到景山 100 米左右的距离，中间被车水马龙的城市道路隔开；为交通管理而设的 4 道铁栏杆，不但迫使人们只能走地下通道去对面，在景观方面也影响了中轴线的视线走廊。

站在景山山顶，我不由想起少年时代，因为家离故宫不远，曾多次和小伙伴们一起登景山。那时很多的北京少先队员都来过景山，一是因为景山里有少年宫；二是登景山可以远眺北京城，俯瞰故宫。在景山上远眺，成片成片富有质感的四合院灰色坡屋顶与庭院内高大树木的绿色树冠，形成一望无际灰色和绿色的海洋，烘托着故宫红墙黄瓦的宫殿建筑群，协调和联系着中轴线两侧传统建筑，极为壮观。可惜小时候没有相机，没有留下这些美好的景象。

此后的岁月里，我曾参与北京城市规划，从事北京历史城区的规划管理工作，经常会登上景山考察北京城市建设的现状。在规划过程中，我们会采用地面观察与山顶观察相结合的方法，分析研究相关城市规划或建筑项目与中轴线，以及与整个北京老城的关系，特别是要避免城市建设发展对中轴线造成的伤害，因此也见证了这一时期北京中轴线的变化。

每当登上景山，我都会沿着山顶的万春亭走上一圈，因为在这里会将四面的风光尽收眼底。西面是北海公园的白塔，湖光塔影，赏心悦目，稍远一点还可以看到阜成门内的妙应寺白塔；北面笔直道路的尽头是鼓楼，远处的燕山山脉清晰可见；东面是具有民族风格的中国美术馆，在一众建筑中格外醒目；印象最深刻的还是向南面眺望的故宫，在绚烂阳光的照耀下，红墙黄瓦的故

从景山俯瞰故宫

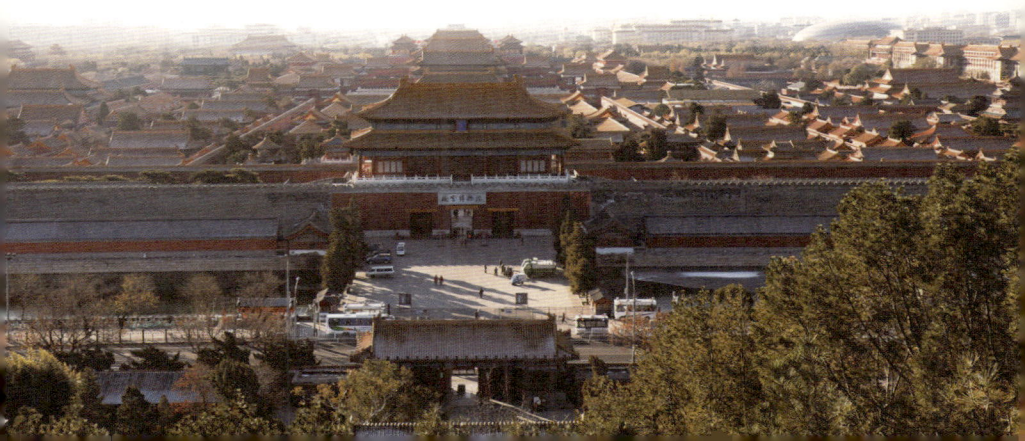

宫无限风光，从神武门至正阳门的中轴线伸向远方，尽在眼中，形成气势磅礴、蔚为壮观的皇城气象和首都气派。神武门城楼上"故宫博物院"5个大字格外醒目，东西两侧视野开阔，故宫东北角楼和西北角楼倒映在护城河面，碧水清波荡漾。百年前这一区域还是封建禁区，普通民众不得进入。通过这里的风光，我可以感受到历经数百年发展的、最具北京文化特色的城市景观，这也是我心中真正意义的古都北京。

今天，再次站在万春亭，我感受到的是北京城的古朴庄重与欣欣向荣，感受到的是北京中轴线与四九城的时代脉动融为了一体。

万宁桥

北京中轴线第一桥

始建年代：始建于元至元二十二年（1285）。

地理位置：位于北京市地安门外大街中段，横跨
什刹海前海东岸的玉河上。

功　　能：古代是连接什刹海与城市交通的重要
桥梁，也是大运河漕运的重要节点。
现代仍然承担着城市次干路的交通功
能，也是重要的历史文化景观和旅游
景点。

万宁桥始建于元至元二十二年（1285），距今已有700余年历史，位于北京地安门外大街中部、钟鼓楼之南的玉河故道上。它是中轴线上唯一的元代遗存，其位置自元代至今未有变化。

据中国社会科学院考古研究所对元大都遗址的勘查和发掘证明，元大都城规划建设的中轴线与明、清北京城的中轴线是同一条城市轴线。而元大都城规划建设中轴线的确定，正是以当时"海子"水面的最东端海子桥（即万宁桥）作为切点向南北延展。中轴线的北端正是地势较高的"鼓楼台地"，中心阁即建于台地上。又以此为基准点向西延伸，以最大限度地把原有的天然水面揽入大都城内，并以此距离为半径，确定大都城的东城墙。故万宁桥是划定中轴线的坐标点之一，民间有"先有万宁桥，后有中轴线"之说，万宁桥也被人们称为中轴线上第一桥。

历史与发展

万宁桥的名字很多，其中"万宁"是因在大天寿万宁寺之前而得名，取"万年永宁，坚固不朽"之意。另外，万宁桥在皇城后门地安门外面，老百姓称其为后门桥；又因在什刹海（俗称海子）东岸，故在元代又俗称海子桥。什刹海水来自京西，五行西方属金，水名金水，故万宁桥又有金水桥之称。桥西有水闸，名海子闸，元成宗铁穆耳元贞元年（1295）改名澄清闸。桥闸一体，万宁桥也称澄清闸。《析津志辑佚》中记载万宁桥"在玄武池东，名澄清闸。至元中建，在海子东。至元后复用石重修。虽更名万宁，人惟以海子桥名之"。

万宁桥初建时为木板吊桥，明代城中不通航运，后改为石质，为单孔汉白玉拱桥。长约34.6米，宽约17米，由桥体、燕翅、镇水兽、澄清上闸构成，桥面以块石铺砌，中间微拱。桥面两侧各设 16 根望柱，高 1.6 米。望柱下部为四方石柱，上部为石榴形柱头。望柱之间为石栏板。河岸为石砌驳岸，驳岸上设镇水兽，为龙之九子趴蝮，有镇压水位的寓意。1924 年，万宁桥桥面纵向坡度被降低。到 20 世纪 50 年代，石桥面被铺设沥青，河道被填平建房，桥身下半部分因而被掩埋于路基之下，仅桥两侧的栏板得以留存。自中华人民共和国成立后，北京市政府持续对万宁桥开展保护与修缮工作，并于 1984 年将其列为北京市文物保护单位。

万宁桥属于桥闸一体式建筑，最初建造的目的是调节水位，以便于船只通行。虽然后来漕运功能消失，但它以闸制水的作用仍在继续发挥。特别之处在于，万宁桥曾是观赏浴象的场所。元代时，桥畔设有象房，东南亚诸国进贡的大象会编入皇帝的仪仗队，还可充当皇帝的乘舆。每至盛夏，饲象员会牵象至河中沐浴，彼时众人便会站在万宁桥上观看这一景象。

作为北京中轴线上最为古老的桥梁，万宁桥呈现出自元至今不同时期的历史信息，为元大都、明清与当代北京城中轴线的叠压关系提供了重要的物质实证，至今仍是北京中轴线上重要的南北向交通要道。

中轴线上第一坐标

什刹海的前海地理位置重要，紧邻北京中轴线，北望钟鼓楼、南望北海琼华岛，万宁桥、银锭桥均是重要的通视走廊节点，有荷花市场、烟袋斜街、会贤堂、烤肉季、火神庙等著名地点，无论是北京市民还是外地游客到访量均比较集中。过去的什刹海周围桥多，除现存的银锭桥外，一条不长的月牙河上就架了 7 座桥。最有名的是最北面的李广桥。目前月牙河早已荡然无存，取而代之的是羊房胡同。李广桥也作为街巷名称被保留下来，证

明着过去的历史。什刹海周围的寺庙更是数不胜数，兴盛时多达
20 ～ 30 座。

北京什刹海全貌

前海东沿地区位于整个什刹海地区的东南端，是文物古迹较
为集中的区域，也是传统上商业繁荣的地段。伴随着历朝历代的
繁荣发展，不少历史建筑得以兴建，并留存到现在而成为文物古
迹。由于万宁桥地处水陆交通要道，为通惠河进入积水潭的跨街
桥梁，又因擅舟楫、陆运之利，桥头附近很快就成为商贾云集之地。
由于江南远道而来的客商也多在此舍舟登陆，故有"金钩河上始

通流，海子桥边系客舟"的著名诗句。

万宁桥是贯穿北京全城中轴线最初设计的起点和基准点，也是京杭大运河的重要桥闸遗产，因此成为中轴线和运河水利工程联系的纽带。在这里，古代规划师把自然与人工的美融合在一起，放眼望去波光潋滟，犹如人间仙境。同时，这里也是北京城最初营建时的设计中心。当时的规划师通过大胆构想，利用这一片浩瀚的水面作为取自大自然的尺度，在紧临它的东岸布置了规模宏大的城市布局。

元大都曾为元代的商贸中心，在历史上积水潭总离不开"舳舻蔽水""万舟骈集"这样宏大的描写。被万宁桥一桥之隔，西边积水潭的水域上停靠着不计其数的从南方驶来的货船，东边则是承载着"最后一千米"使命的通惠河玉河，每天数以百计的货船在这里穿过万宁桥进入积水潭，这条河道曾跨越元、明、清三朝，流淌了700余年。然而，在过去的百年间，玉河悄然隐没于城市之中；直至今日，玉河方得以重回大众视野，再现往昔风姿。

20世纪50年代，地安门外大街道路在修缮时，曾在万宁桥下发掘出一只石鼠，与此后在正阳门桥下发掘出土的石马、子鼠、午马，形成一条贯穿故宫的子午线。在万宁桥附近，考古人员挖掘清理出了元、明、清三代的堤岸和码头遗址，以及两条古代的排水道遗址，还出土了大量的明清瓷片、陶器、碑刻等遗物。有了这些遗址和出土文物，万宁桥的历史面貌及玉河在明清两代逐渐变迁的过程也就更加清晰。

在2000年修复万宁桥的时候，又从万宁桥桥身东侧出土了4只形状怪异的古代镇水兽，经过专家的鉴定，为元代所雕刻，它们被深埋在淤泥中，却清晰地佐证了这段河道曾经的繁华。然而，在过去相当长的时间内，万宁桥仅被作为普通的城市桥梁来使用，其间并未采取有效的保护措施。由于道路不断垫高，两侧桥体被埋于地下；更由于实施明河改暗沟的工程，万宁桥变成了"旱桥"，唯独两排20余米长的汉白玉桥栏板立于原处，其残破凋零的状态令人十分担忧。除此之外，万宁桥的路面上还经常受到往来交通的威胁，两侧设置的大型广告板也遮挡了西侧什刹海和东侧街巷的景观。

北京万宁桥的镇水兽

　　朱祖希先生在《从莲花池到后门桥》（后门桥为万宁桥的俗称）一文中说道："后门桥残破凋零的情况我感觉是挺可悲的，它就在中轴线上，而且是中轴线最初设计的起点，也就是靠它决定全城中轴线的。但是两边的石桥栏已经破损。不但这样，两边的水面也看不见了，而且用了很大的广告板挡起来。原来西有风景秀丽的什刹海，东有一溪清流。今天在贯穿全城中轴线的地方，本来是城市设计的起点，却处于这样一个状态。"

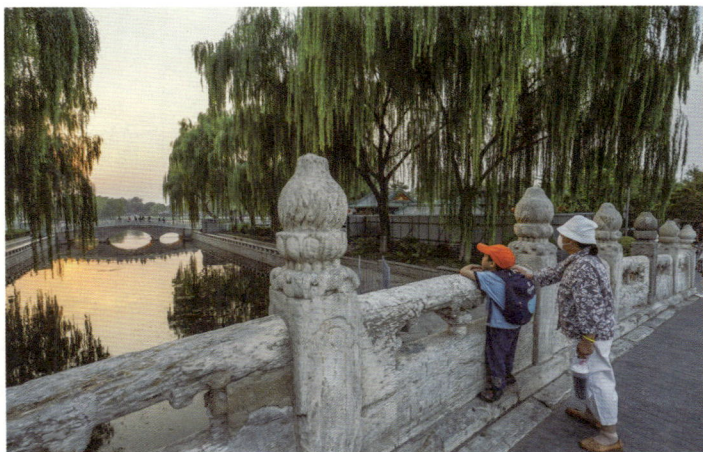
万宁桥

　　目前，万宁桥已经得到了整治修缮，拆除了桥东西两侧的广告牌和河道上的房屋，改暗沟为明渠，恢复了两侧水面，并按原式样修补了桥栏杆，恢复了桥身与桥闸，桥下的镇水兽也按原位置加以安放。现在，站在桥上，可以直接看到什刹海的美丽景色，还能听到桥下的潺潺流水声，古老的万宁桥重新焕发了青春。

钟鼓楼

丈量岁月的"时间建筑"

始建年代：钟楼始建于明永乐十八年（1420），
后毁于火灾，清乾隆十年（1745）重建；
鼓楼始建于元至元九年（1272），明
永乐十八年（1420）重建。

地理位置：位于北京中轴线的北端，钟楼在鼓
楼的北面，两者相距约100米，地处
东城区地安门大街。

功　　能：明清时期报时系统的核心建筑。现代
作为历史文化建筑，是北京的标志性
建筑之一，具有参观、研究古代报时
文化等功能。

钟鼓楼建成后屡遭火灾，现存建筑为清代重建。其中，鼓楼初名齐政楼，取齐七政（日、月、金星、木星、水星、火星、土星）之意。作为北京中轴线最北端的地标建筑，钟鼓楼延续了元大都时期以钟楼和鼓楼两楼为全城报送时间的管理方式与功能传统。

钟鼓楼位于什刹海东北岸，地处北京老城商贸街区之中。钟楼和鼓楼是两座毗邻的建筑，钟楼居北，鼓楼居南，相距约100米，建筑外均有围墙环绕，两座建筑之间由一长方形广场连接。钟鼓楼与天安门、端门、故宫构成的朝堂区域共同组成《考工记》所载"面朝后市"的都城规划范式。钟鼓楼高耸于北京传统四合院街区之中，从体量和色彩上与周围低矮的民居建筑形成鲜明对比。两座建筑为老城内城中的制高点，是俯瞰中轴线北段的重要视点。

建筑形制

钟楼是明清时期的城市管理设施，主要用于报时，另外钟还兼有报警的功能。钟楼吸取了木结构建筑易遭火焚毁的教训，重

北京钟鼓楼

建于清乾隆十年（1745），于乾隆十二年（1747）竣工。重建后的钟楼整体为砖石结构，建于四面呈坡道形的正方形台基上，上下两层。下层楼身为正方形平面，面阔3间，重檐歇山顶，上覆黑琉璃瓦，绿琉璃剪边，通高47.9米。楼身四面当心开拱券门，左右对称开券窗，中心为天井，可仰望上悬大钟。沿东北角小券门拾级而上，登75级台阶可至上层。上层面阔3间，进深3间，四面开有券门，外有汉白玉护栏。

　　钟楼内正中位置安有八角形的钟架，悬挂有明永乐年间铸造的大钟。该钟通高7.02米，最大直径3.40米，重约63吨，是目前世界上铸造最早、重量最重的报时铜钟，堪称"古钟之王"。钟体全部由青铜铸成，撞击时声音浑厚绵长，"都城内外，十里有余，莫不耸听"。钟楼内最初悬挂的是同为永乐年间铸造的大铁钟，因音质不佳，而改用铜钟。原铁钟收藏至大钟寺古钟博物馆。钟楼的内部为十字券结构，将天井、声道及传声融为一体，由此，钟声更加浑厚绵长，这在中国古代大型建筑史上堪称一绝。

　　鼓楼与钟楼相对，坐北朝南，建于四面呈坡道形的台基上，通高46.7米。重檐歇山三滴水顶，上覆灰筒瓦，绿琉璃剪边，上下两层。下层城台为无梁拱券式砖石结构，外显面阔7间，进深5间，内部为拱券结构，前后各有3座券门，左右各有1座券门。在鼓楼东北角有登楼的小券门，沿69级台阶可至上层。上层为砖木结构，面阔5间，进深3间，外带周围廊。鼓楼上原设有更鼓25面，其中主鼓1面，代表1年，置于中轴线上，同时按照中国传统二十四节气设有群鼓24面。现仅存1面主鼓，高2.22米，腰径1.71米，直径1.40米，为整张牛皮蒙制。然而此鼓现已残破不堪，鼓面有多处刀痕，为八国联军入侵北京时所刺。建筑内现有展示用大鼓，定期进行击鼓表演。

明清时期，钟鼓楼在城市中扮演着极为关键的角色。其承担着计时与报时的重要职能，是城市管理不可或缺的设施之一。它宛如一位历史的守望者，默默见证了中国古代以钟鼓报时为显著特征的传统生活方式，承载着深厚的历史文化内涵与城市记忆。

钟、鼓报时

钟鼓楼早在汉朝便已出现。东汉蔡邕在其著作《独断》中写有"夜漏尽，鼓鸣则起；昼漏尽，钟鸣则息"，史料亦载有"天明击鼓催人起，入夜鸣钟催人息"的"晨鼓暮钟"制度，由此可

鼓楼上的更鼓

知当时钟鼓就已成为报时工具。唐代则实施"晨钟暮鼓"——鼓响，城门关闭，实行宵禁；钟鸣，城门开启，万户活动。鼓楼上原设有铜漏壶，以此计时，现已无存。史书记载：鼓楼旧名齐政楼。上置铜刻漏，置极精妙，故老相传，以为先宋故物。其制为铜漏

壶四，上曰天地，次曰平水，又次曰万分，下曰收水。中安铙神，设机械，时至，则每刻击铙者八。滴漏计时准确，但制作复杂。而清朝则"不用铜壶等物，惟以时辰香定更次"。时辰香即更香，是在香体上标出刻度，根据点燃后所余长度来计算时间。燃香计时所能表示的时间段较短，因此可以设置更加精确的刻度，计时更精准。但是，时辰香耗费较大，且需要有专人看守。

明清时期，钟鼓楼以击鼓撞钟的方式报送时间，由此来控制城门及胡同栅栏的启闭和更夫巡夜，有效地管理城市生活。中国古代把一昼夜平分为 12 个时辰，又将 19 时至次日 5 时的 5 个时辰划分为五更。五更，即 19～21 时为一更，又曰定更；21～23 时为二更；23～次日 1 时为三更；1～3 时为四更；3～5 时为五更，又曰亮更，即天明之意。定更和亮更报时皆先击鼓，后撞钟；二至四更报时则只撞钟，以免影响了百姓们的休息。每晚戌时定更，钟鼓声响起，城门关闭，街上交通断绝，称"净街"，

游客在钟鼓楼游览观光

除特殊情况外不许人们出行，只有更夫敲击铜锣和梆子以报时巡视。若有犯夜禁者会受到严惩，《大清律例》记载："凡京城夜禁，一更三点，钟声已静之后、五更三点钟声未动之前，犯者笞三十，二更、三更、四更，犯者笞五十。"

钟鼓的敲击方法相同，"当五夜严更，九衢启曙，景钟发声……都城内外十有余里，莫不耸听。"有关钟鼓的敲击方法，老北京有一说法为"紧十八，慢十八，不紧不慢又十八"。钟鼓照此先后敲击两遍，各108下，因古人用108声代表一年。明朝《七修类稿》载："扣一百零八声者，一岁之意也，盖年有十二月、二十四气、七十二候（古代五日为一候，六候为一月，故一年七十二候），正是此数。"钟鼓二楼高耸于传统街区之间，因位高而声远，声音可传播至城市四隅，统一全城时间，区分时刻，借此控制着城门和市肆的启闭。

北京钟鼓楼更是象征着清朝统治者具有向天下万民授时的最高权力，他们以此来规范人们的行为，从而达到巩固其统治地位的目的。清朝统治者以钟鼓"示晨昏之节"，借钟鼓楼"肃远近之观"，直至1924年，清朝末代皇帝溥仪搬离了紫禁城，钟鼓楼才随之结束了其定更报时的使命，逐渐转变为公众教育与休闲游览等场所。1924年，为使民众勿忘八国联军侵入北京的国耻，鼓楼易名为明耻楼，后恢复原称齐政楼。1925年，鼓楼成立京兆通俗教育馆，次年钟楼开设民众电影院。钟鼓楼先后于1987年（鼓楼）和1989年（钟楼）作为博物馆对外开放并沿用至今。

鼓楼鸽哨

在老北京人心里，"红墙黄瓦老皇城、青砖灰瓦四合院，豆汁焦圈钟鼓楼，蓝天白云鸽子哨"。这描述的才是原汁原味的北京城，尤其是那回荡在四合院上空清脆的鸽子哨声，更是成为北京人心中地道的北京声音。

鸽哨，又名鸽铃，最早见于北宋时期。《宋史》记载，西夏军队曾用鸽哨作为发兵围攻的信号，南宋时已有人专门从事鸽哨的生产和贩卖。发展到清代后期，北京鸽哨的品种之多、制作之精、音响之美，在全国首屈一指，这与北京城悠久的历史文化有着密切的关系。

鸽哨从选材制作到捆绑安装，都极为讲究。它的主要制作材料是葫芦和竹子，另外，还有晒干的橘子壳、核桃壳、银杏果壳等。制作前，竹筒、葫芦都被刮削得薄、匀、透光明亮，摸起来如同鸡蛋壳般。哨口选用竹子，切割打磨成薄片，发音口在薄片上斜着刻出，其尺寸大小和边缘弧度关乎定音。哨口和发音口尤为重要，可以一边试音一边修饰，之后再黏合上漆。自 2013 年开始，鸽哨制作技艺陆续被列入《北京市市级非物质文化遗产名录》。做好的鸽哨安到鸽子尾部上时也有讲究，既要牢固，又不能影响鸽子飞行，老北京人称这项工作为"缝哨尾子"。鸽子尾翎一般有 12 根，鸽哨必须绑在鸽子尾翎中间的几根羽毛上，在正中四根距臀尖约一厘米半处，穿针引线，打结系牢。

北京鸽哨除了制作技艺和安装非常讲究之外，季节选择也很重要。春天是鸽子发情和换羽的季节，"冬装"需换成"夏装"；夏季多雨，哨子一旦进水就不会响了；秋天又是换羽的季节；冬天的风向和天气比较适合，安装鸽哨后最牢固、不会脱落。

在钟鼓楼地区，养鸽户都已经用上舒适、方便、与中轴线景观视廊和谐相融的新鸽笼，使中轴线第五立面更加美观。中国著名学者、文物鉴赏家王世襄先生一生酷爱养鸽子，对鸽哨更是情有独钟。他曾作诗："鸽是和平鸟，哨是和平音；我愿鸽与哨，深入世人心。"鸽哨悠悠，万般情韵响中轴；晴空朗朗，飞翔精灵递和平。清脆响亮的鸽哨声，象征了北京这座古老城市的安宁与祥和。

昔日繁华

早在元朝时，钟鼓楼地区便是大都的中心城区，且此处距离漕运码头积水潭很近，来往人员、货物众多，是城中最繁华的商业区。到了清朝，虽然漕运码头已废弃，但是钟鼓楼地区的什刹海景色秀美，吸引了众多王公贵族前来修建府邸。前海东沿地区东侧紧临北京传统中轴线的北段地安门外大街，也称鼓楼大街。历史上，前海东沿地区与处于北京传统中轴线南段的天桥地区遥相呼应，共同构成老北京两大著名的传统民俗活动地区。据清档案记载，钟鼓楼地区商铺云集，热闹非凡。康熙年间有"市肆，北京正阳门外最盛，鼓楼街次之"。清末史料有载："地安门外大街最为骈闾。北至鼓楼，凡二里余，每日中为市，攘往熙来，

钟鼓楼（1922 年）

无物不有。"民国时期，什刹海西侧的荷花市场悄然兴起，成为市民消夏胜地。钟鼓楼之间的鼓楼市场有京城小吃和曲艺杂技表演，与南城的天桥市场遥相呼应，成为平民百姓的游乐场所。地安门外到钟鼓楼前，以经营粮食、布匹、油盐、干果、煤炭为主，古玩店集中在烟袋斜街。前海东沿和鼓楼地区是北京城重要的民俗活动场所和商业中心，因此有老北京人常言"东四、西单、鼓楼前"的说法。但是，随着王府井、西单等商业区的进一步繁荣，鼓楼一带的商业中心不再兴旺。在曾经的北京傍晚，伴随着"紧十八、慢十八、不紧不慢又十八"的钟鼓和鸣，这座古都便经历了一次仪式性的休眠，直到次日五更钟鼓声再次响起，城市逐渐苏醒。如今，帝王通过钟鼓楼来管理时间和历法的时代早已远去，人们再也不需要借助钟鼓报时来知晓时间，但钟鼓楼依然静静伫立在北京中轴线最北端，默默见证着历史的变迁和城市的发展。

第三章

文化中轴
都市计划的无比杰作

中轴引领

城市空间的秩序之美

在中国古代城市建设的漫长历程中，北京城独树一帜，其"凸"字形轮廓与清晰的中轴线堪称特色鲜明的标志，使其在世界城市建设的宏大版图中占据重要一席。令人惋惜的是，那别具一格的"凸"字形轮廓已渐渐难觅踪迹，如此一来，中轴线的保护便显得尤为关键。

于北京的战略布局而言，中轴线犹如构建明清北京城的脊梁，在传统城市空间架构与功能秩序的编织中，发挥着提纲挈领的关键作用，故而被赞誉为"古都的脊梁和灵魂"。它凝聚着北京这座文化古都演进的智慧结晶，承载着人文历史的厚重、道德教化的传承、风俗民情的映照以及社会发展的脉络。鉴于北京中轴线及其建筑群落深植于民族传统与历史文化的沃土，与数千年古都发展的脉络紧密相连，构建起独具魅力的古都营造体系，无疑是中国传统文化孕育出的璀璨明珠。从文化视角审视，北京中轴线恰似中国古都历史文化演进的生动缩影。

这条纵贯北京南北的中轴线，似一条坚韧的纽带，将诸多自成格局的平面组织巧妙串联，塑造出一条气势恢宏的主轴，在空间布局与体量规划上，赋予城市一种浑然一体的节奏感与精妙绝伦的艺术韵致。正是有了这一中轴线的存在，北京城才彰显出雄伟、规整、和谐的独特气质，它既是北京城的坚实骨架，更是其壮美风貌的根源所在。

北京中轴线建筑群彰显了中国古代建筑技艺、景观设计与营造工艺的巅峰水准与卓越成就。轴线上的河道、城郭与钟鼓楼，见证了古代水利工程、城市防御与报时技术的智慧结晶，蕴含着不可小觑的科学价值。沿线的宫殿、庙宇、城门与民居建筑，以丰富多样的形式、体量、材料，以及多元的设计手法与营造技艺，尽显中国传统建筑的精妙绝伦。在园林设计领域，巧妙融合了北方皇家园林的大气与南方城市园林的灵秀，河湖水系与园林建筑相互映衬、彼此交融，彰显出超凡脱俗的城市景观营造智慧。故而，

南护城河

　　北京中轴线堪称中国古代城市设计的不朽经典，也是传统建筑营造技艺的巍峨高峰。梁思成先生盛赞其为"全世界最长且最为伟大的南北中轴线""北京独有的壮美秩序因之而生"；吴良镛先生亦将其誉为"古代中国都城建设的终极结晶"。

　　北京中轴线以故宫为核心，向南延展，途经端门、天安门、

千步廊、大明门、棋盘街、正阳门、天桥直至永定门；向北延伸，穿越景山、地安门、万宁桥抵达钟楼与鼓楼，全长 7.8 千米。此中轴线贯穿四重城垣，即外城、内城、皇城与故宫，构筑起举世无双、贯穿全城的宏大建筑集群、规整严谨的城市空间与壮丽非凡的景观风貌。轴线上宫殿巍峨、广场开阔、街道纵横、苑囿清幽、城门雄伟，天际线起伏跌宕，统御全城建筑格局。中轴线及其两侧，汇聚老城几乎所有核心建筑群，形成左右对称、秩序井然的城市肌理，众多河湖水系的点缀，更为中轴线景观注入灵动与变幻之美。

事实上，北京老城的整体布局与故宫的空间秩序皆围绕这条中轴线铺陈展开。从建筑高度维度考量，中轴线上的关键节点建筑自南向北多为高耸矗立，而两侧的街巷胡同与四合院民居则依循规划，以院落为单元横向铺展，建筑高度通常在 8 米以内，与故宫形成鲜明反差。

从明清北京城的布局来看，其城墙与护城河环绕四周，内九外七的城楼与城门错落分布。东面北新桥至磁器口、西面新街口至菜市口，两条大道构成东西副轴，对称严谨的规划强化了北京中轴线布局。城门两两相对，棋盘式街道交织，平行胡同连接主干道与传统四合院住宅，形成交通网络。以中轴线主体建筑为基准，呈现前朝后市、左祖右社格局。天坛、先农坛、太庙、社稷坛、普度寺、火神庙等坛庙建筑，以及王府衙署、街巷胡同、商业街区对称分布于两侧。

于传统文化思想体系而言，"以中为尊"是显著特色，历代帝王皆视其国为"天地之中"。北京中轴线北收南展，契合"坐北朝南，统治天下"的传统哲学思想。物质层面上，城市轴线可

永定门城楼一角

组织控制城市空间，是空间结构骨架，串联起城市景观、交通与用地功能等系统；非物质层面上，其意义远超物质空间，成为塑造城市空间形态的关键要素。事实上，中西方首都城市轴线形成多源于政治因素，部分轴线象征意义强烈，甚至代表国家精神。

世界其他国家首都城市，如意大利罗马、法国巴黎、美国华盛顿、澳大利亚堪培拉和巴西巴西利亚等，其轴线多由道路与开敞空间组成，无特定方向，常多向放射延伸，多条轴线共同构建城市系统且等级差异不明显。相较之下，北京中轴线遵循"南面而听天下"的传统礼制，南北向明确，北收南展且等级秩序分明。虽大型建筑使轴线道路连续性中断，却塑造出比空间轴线更强烈的心理轴线，彰显出独特的中国传统文化内涵。

城市轴线空间的形成需要经历漫长的发展过程。北京中轴线至今仍汇聚极具历史文化价值，风格各异、类型多样、形制不同的文物建筑，是古都风貌的集大成者。正阳门、天安门、故宫、鼓楼、钟楼等古代建筑见证往昔辉煌；毛主席纪念堂、人民英雄纪念碑等现代建筑展现当代风貌；景山、六海等皇家与自然园林增添灵动之美；大栅栏、鲜鱼口、什刹海、南北锣鼓巷等传统街区承载烟火气息。从古代至近代再到当代，历经数百年沧桑，其活力与生命力依旧强劲，基本格局完整保留，成为北京文化古都保护的核心内容。从建筑到园林再到街区，它不仅是单体古建筑的物质实体堆砌，其多样风格、丰富类型、规整形制、精湛建造技艺与宏大规模，更彰显了元、明、清乃至近现代中国卓越的城市、建筑与园林建造水准，构建起有序空间组织与宏伟空间序列，是贯穿数百年的城市精神支柱，其间历史事件众多，未来亦将续写深远影响的篇章。

"天人合一"
城市规划的核心思想

　　中国古代城市规划追求崇高的精神境界，反映在古代城市规划学说上，可以用"天人合一"来概括。"天人合一"的代表学派是儒家和道家，这是形成古代城市规划礼制思想的基石。例如，《周礼·考工记》中的匠人营国思想，《周易》中的"立天之道曰阴与阳，立地之道曰柔与刚"的名言，道家的"福祸相依"主张，都对规划中如何掌握天地、祖宗、社稷、阴阳、方位、虚实、对称、轴线等起着重要的作用。

　　"天人合一"的理念在中国具有十分悠久的历史，最早起源于春秋战国时期，后经宋明理学总结而明确提出，逐渐在处理天人关系中居于主流地位，成为贯穿中国传统文化的一条主线。老子在《道德经》中有名言："人法地，地法天，天法道，道法自然。"这表明"天人合一"的核心思想就是强调人和自然的和谐统一，对于中国古代哲学、文学、历史学等领域具有重要的影响。

　　在世界建筑文化中，中国传统建筑文化独树一帜，其独特的形制格局中体现的思想内涵和精神意蕴更为世人瞩目。中国传统建筑除受制于地域、民族、气候、制度等因素影响外，更是"天人合一"这个几乎贯穿中国哲学乃至整个中国传统文化发展观念的体现。尊法自然，合于天地，成为人们自觉的审美意识。追求天、地、人三者和谐统一，成为城市规划和建筑营造所企望达到的理想境界。正所谓"天地人，万物之本也。天生之，地养之，人成之"。

天、地、人是"万物之本"，当然也是城市和建筑之本。

古人云，"四方上下曰宇，往来古今曰宙""宇宙便是吾心，吾心即是宇宙"。显然，在这里"宇"表示的是无限的空间，而"宙"表示的是无限的时间，"宇宙"表示的就是时空。然而，从中华传统建筑文化角度解读，"宇宙"二字则另有含义。《说文解字》中称："宇，屋边也。"《周易》中有"上栋下宇，以待风雨"的说法。《淮南子·览冥训》中则称："宙，栋梁也。"可见，"宇宙"二字都与建筑有着一定的关系，即建筑也是具有一定时空的小的"宇宙"。大小宇宙共存，实现"天人合一"的理想境界，也成为人们建造活动的一种终极目标。

"天人合一"的理念高度概括了天、地、人之间的关系，培植了人与自然和谐相处、尊天祭祖、克己复礼、尽心尽责的感情，对古代的政治制度、社会和文化意识产生了重大的影响，也对古代城市规划产生了巨大影响。从中国历代都城的形式中可以看出，正南、正北方向的地位一直极其重要，这与中国传统文化对北极星的崇拜密切相关。北极星位于北极的正上方，所以它的方位始终恒定不动，而北斗众星始终围绕着北极星旋转。《鹖冠子·环流》中有言："斗柄东指，天下皆春；斗柄南指，天下皆夏；斗柄西指，天下皆秋；斗柄北指，天下皆冬。"北斗星首先成为历法标志，进而成为"万物之本"的权力象征。

在"天人合一"这一核心思想基础上，传统聚落逐渐形成和发展，并且在聚落布局、建筑单体、院落组织等方面均从人的根本需要出发，为人的生活、生产和发展提供条件。"天人合一"这一哲学思想也是北京中轴线的思想精髓。正如梁思成先生所说："北京独有的壮美秩序就由这条中轴的建立而产生。前后起伏、左右对称的体形或空间的分配都是以这中轴为依据的；气魄之雄伟就在这个南北引申、一贯到底的规模。"

在中国的远古时代，"天"一直是充满神秘色彩的存在，人们慑服于自然界的威力，将大自然降于人间的祸福归结为某种神的力量。而在宇宙的"众神"之中，天帝又是至高无上的主宰者，成为中国文化寄寓的精神象征。于是，古人认为天象的变化预示着人间吉凶，乃至国家的兴亡。我们的祖先从对天穹的观测中形成一种观念，即天界是一个帝星——北极星为中心，以四象、五宫、二十八宿为主干构成的庞大体系。天帝所居的紫微垣位居五宫的中央，即"中宫"。满天的星斗都环绕着帝星，犹如臣下奉君，形成拱卫之势。

中华先祖的天文崇拜、象天设都，即在宇宙，"天"为至尊；在人世，"君"为至尊，乃是形成"天子居中、层层拱卫"理念的本源。作为中国文化观念的原型，它制约并影响着政治和哲学的观念，塑造着"天人合一，君权神授"的思想。所以，自古以来中国古代的帝王把自己的统治视为"天"的意志，是"天命"的体现。帝王是代表"天"来管理和统治民众，因此帝王又自称为"天子"，所做的一切都是"奉天承运"。皇帝必须居天下之中统治民众，"王者必居天下之中，礼也"。只有居中才能体现帝王的公正，即"中正无邪，礼之质也"。

《周礼·考工记》中"前朝后市"还未完全指明皇帝的宫殿必须居中，更没有讲明中轴线。随着礼制的不断强化，中国古代城市物质环境的创造要为精神世界服务成为规划思想的核心，规划城市也在客观上要求有对称、规整、轴线等布局手法才能适应。从秦汉至明清，皇宫在都城中的位置经历了漫长的发展过程，最后才在规划中确定了将太和殿作为城市和皇城的中心，其余建筑围绕在其周围，并严格按照对称主次就位，而且在其面前规划出一条正对宝座的长长的城市中轴线，将《周礼》要求的以天子为天下唯一统帅的大一统思想，在城市空间规划中得到了最完整的体现。而后，在都城中帝王的宫室被置于城市的中心，并将重要的建筑向南北两个方向层层延伸，形成了一条由建筑、广场、院落构成的城市中心线，即"中轴线"，东西两侧的城市部分则以中轴线为核心对称布局。这就形成了自周秦以来，尤其是自隋唐以来长期延续的基本定式，即以皇宫为中心并将主要建筑物部署在由宫殿向南延伸的中轴线上，左右取得均衡对称，再加上高低起伏变化，构建出一个最大限度突出"普天之下，唯我独尊"的主题思想的空间布局。

"以中为尊"
城市建筑的哲学价值观

　　北京城中轴线自形成以来，就体现出极为丰富的文化内涵，充分展示了传统社会的皇权思想。皇城安排在全城的中心，也是在南北中轴线的中心地带，体现出皇宫的主导地位。围绕紫禁城布局的前朝后市、左祖右社，是为了表现至高无上的皇权尊严；按照郊祀的传统，在内城之外以中轴线为中心，分别在南、北、东、西设置了天、地、日、月四处重要的坛庙；依据中轴线对称铺开的道路，以经纬交叉的形式遍布京城，居中的皇宫，成为交通最为发达的地方。此外，明清北京中轴线亦分布着重要的商业中心、皇家休闲区域，为这条波澜壮阔的中轴线增添了更丰富的文化内涵，构成了一个理想、完整的都城格局。

　　伴随几十年来城市的建设发展，人们开始将北京历史城区的空间形态描述为"盆"的形状：皇城地区成为"盆"底，由中心向四周高度逐渐增加，过了二环、三环，高层建筑开始逐渐增加增高。对北京历史城区的保护，历来强调以故宫、皇城为中心，分层次控制高度。但是，随着城市经济的发展和城市建设的活跃，北京历史城区保护的压力也在加剧。

　　北京中轴线及其周边地区是中国特有的传统景观艺术的重要组成，南北起伏、东西对称，体现出中国传统城市美学的价值取向，以其宏大的整体布局、巧妙的局部空间组织和精美的单体建筑设计体现了中国传统城市美学、景观艺术和建筑艺术的最高成就。

总体平缓开阔、局部起伏有致的城市天际轮廓线，以及红墙黄瓦的皇家建筑与青砖灰瓦的民居建筑所营造的强烈视觉反差，均给人以极具震撼的审美感受，具有高超而独特的艺术价值，是世界上现存最长、最完整的传统都城中轴线。

不过，今天再站在景山万春亭上望过去，只有宏伟的故宫景象依旧，而那些绿色覆盖下的胡同和那些令人留恋的四合院，都已经大为减少。

北京"中"轴线最早出现在何时？

在中国，中轴线具有特殊的文化意义，代表立国之本。《礼记·中庸》有："中也者，天下之大本也。"《周礼·春官》注："中，犹忠也。"以中为立国之本，使政令贯通，帝王、臣民都要忠于国家，代表社会和谐。一切社会关系和行为情感都要和、适、顺，都是"中"的体现。作为中国"中"字形城市的杰出代表和伟大结晶，北京城营造之理念，直溯中华文明原点，展现了惊人的文化连续性，这是判定北京老城历史文化价值之时必须高度重视的方面。

城市中轴线是指在城市中可以统率全局的中心线。在世界范围内，中国对中轴线最为重视也最为强调，很多都城在营建中刻意设计形成中轴线，因此有着悠久而深刻的历史文化渊源。考古发掘及研究证明，已发现的中国古代城市的规划建设，无论早期的王城，还是后期的都城，都能看到形成于春秋战国时期的《周礼·考工记》中记述的"左祖右社，面朝后市"的王城规划建设理论痕迹。特别是东汉以后魏晋洛阳城的营建，经考古发现证明，宫城前已有"左祖右社"的规划布局方式，已产生了城市中轴线的最初形态。

鄂尔多斯市康巴什区中轴线

　　对于中国古代都城中轴线首先出现在哪座城市，学术界存在不同观点。一般认为，三国至北朝的邺城，其城市布局前承秦汉，后启隋唐，其单一宫城制度，全城中轴对称格局，整齐明确功能分区的设计理念，为中国历代都城建设所沿袭，对东亚地区古代都城的规划建设也产生了深远影响。隋唐长安城是在国家重归统一、国力强盛、文化繁荣的社会环境下，营造的一座规模空前的都城，其城内的皇城、商市、里坊等建筑对称布局，形成了明确的城市中轴线。在以后的唐代洛阳城、宋代汴梁城、辽代南京城、金代中都城和元代大都城，都传承了中国古都城市的中轴布局方式和理论准则。

西安大唐不夜城夜景

　　北京中轴线形成至今，一直作为城市格局的统领与精神象征，在城市规划建设中，始终得到充分的尊重和传承，记录了历史的发展与时代的进步。北京传统中轴线形成于元代，在营建大都城时首先需要选择中轴线的基点。根据史籍记载，元大都设计时在宫殿北边设有中心台，在南城门外选定了一棵树，依这两点确定出中轴线。元人熊梦祥在《析津志》中这样记述："世皇建都之时，问于刘太保秉忠，定大内方向。秉忠以丽正门外第三座桥南一树为向以对，上制可。遂封为'独树将军'，赐以金牌。每元会圣节及元宵三夕，于树身悬挂诸色花灯于上，高低照耀，远望若火龙下降。"

文中的"世皇"即元世祖忽必烈，"刘太保秉忠"即刘秉忠，是元大都的设计者。丽正门是元大都城南部正中的城门，丽正门外的一株大树，被刘秉忠选为大内中轴线的基点。大内与大都城的中轴线相重合，也就是大内与大都城同处一条中轴线，选择大内中轴线基点也就是选择大都城中轴线的基点。于是被选定作为大内基准点的这株大树便被敕以金牌，封为"独树将军"。每逢元旦皇帝朝会群臣、皇帝生日与元宵佳节，在这三天的夜晚，都要把五颜六色的花灯悬挂在这株大树上，远远望去，高低错落宛如闪烁亮丽的火龙下凡。

元大都中轴线与明清北京中轴线有着极为密切的"亲缘"关系。元大都平面呈长方形，面积50余平方千米，共有11座城门，从南城墙中央丽正门向北，经过灵星门、崇天门，宫城内大明殿、延春阁，出厚载门、御苑至大天寿万宁寺中心阁，是元大都城在规划设计上的中轴线所在。元明易代之后，元代宫殿纷纷被拆，城市中轴线也就一同隐去。但是，明清北京城的建设既传承元大都城的规划建设成果，又吸纳、发展和丰富了中轴线布局的传统

雪后的元大都城垣
遗址公园

文化理念，在表现手法上更为灵活。

明北京城于 1406 年开工，1420 年落成。历时 14 年建设，一座有着更为壮观的"帝王之轴"的显赫都城，成为国家新的"心脏"。明嘉靖年间增建城南外垣，于是有了内、外城之分。全城平面设计沿用了元大都中轴线，并加以延伸，北端起自新落成的钟楼和鼓楼，南端终于天坛和山川坛（即现在的先农坛）之间的永定门。明北京城为清朝所承袭。清朝定都北京以后，进一步完善了中轴线的文化主题。首先在景山山顶和山前、山后加以精心营造，进一步强化了景山作为整个北京城的镇山功能，成为清朝在中轴线上创新发展的重要成果。

北京中轴线的最后定型并达到全盛面貌是在清朝中期，清顺治、康熙、雍正、乾隆四朝对中轴线的恢复与建设，为清代中轴线的辉煌奠定了重要基础。

清康熙四十八年（1709），贯通北京城的南北中轴线被确定为天文和地理意义上的"本初子午线"，即零度线。这实际上是在天文和地理意义上，重申古代中国以本土作为世界中心的理念，比 1884 年国际经度会议确定通过的以"英国格林尼治天文台原址的经线作为本初子午线"早 175 年。此外，清朝围绕中轴线居中理念，以紫禁城为核心，在两侧对称建造有宣仁庙、凝和庙等，安排风、雨、雷、云诸神，将祭祀活动围绕核心运行。这些清朝新增加的坛庙设施和明朝遗留下来的坛庙设施融合在一起，增加了中轴线统领自然物候运行的指挥功能，丰富了北京中轴线的文化主题，使之成为整个北京城最重要的一条文化命脉。

乾隆时期，物阜民丰，经济社会稳定，国库雄厚，北京中轴线开始进入大规模的建设阶段。在紫禁城内，改建、新建的宫殿有重华宫、建福宫、雨花阁、中正殿、寿安宫、慈宁宫、宁寿宫、文渊阁、毓庆宫等，此外还有先农坛、方泽坛、日坛、月坛等坛庙礼制建筑的修建。这一时期对中轴线的建设，不仅成为中轴线区域礼制文化的高峰，而且延续至清末，为北京中轴线的发展奠定了重要基础。

北京中轴线纵贯古都四重城郭，不同区段有着不同的主题文化，内涵极为丰富与独特。在抗日战争的艰苦岁月，梁思成先生在西南一隅的江边小镇李庄，仍然思念北京城，写下了关于北京中轴线布局的生动描述："就全局之平面布置论，清宫及北京城之布置最可注意者，为正中之南北中轴线，自永定门、正阳门，穿皇城、紫禁城，而北至鼓楼，在长逾七公里半（约7.8千米）之中轴线上，为一贯连续之大平面布局自大清门（明之大明门，今之中华门）以北以至地安门，其布局尤为谨严，为天下无双之壮观。"

中轴之"中"看故宫

故宫处于中轴线中央段落，这一段中轴线上的建筑等级最高，体量最大，控制着全城的构图。

千龙吐水

故宫作为 15 ～ 20 世纪中国明清两朝皇家沿用约 500 年的宫殿，不仅代表了中国传统官式建筑的最高成就，更以其布局规整、建筑群的恢宏壮丽，被国际社会认定为中华民族传统文化最具代表性的象征载体。故宫的总体设计是以中轴线统领着整个宫殿对称、严谨、完整、有序的格局，构成了有主有次、有起有伏、壮丽和谐、气势磅礴的一幅三维空间精彩画卷。在故宫内，中轴线两侧对称分布着西六宫和东六宫、延春阁和符望阁、武英殿和文华殿、西华门和东华门。

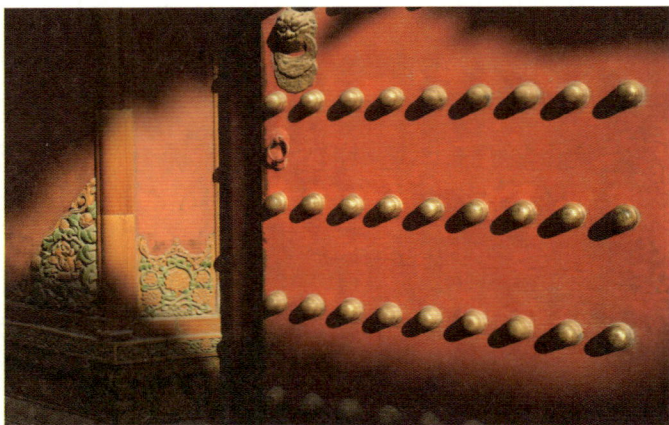

故宫大门

　　历史上的紫禁城，按照皇家的各种功能需求与礼仪制度，形成了不同的功能片区与围合的院落单元，几乎包含了中国古代官式建筑中宫、殿、楼、阁、堂、亭、台、轩、斋、馆、门、廊等全部类型与相关营造技艺。更为难得的是，故宫古建筑群完整地保存了紫禁城在使用时期的朝政礼仪、办公、教育、起居、祭祀、宗教、园林、戏台、库房、药房，以及服务与值房等所有的建筑功能类型。

首先，"中"是紫禁城设计与建设的理念。中国传统文化对"中"的概念特别重视。《吕氏春秋·慎势》曰："古之王者，择天下之中而立国，择国之中而立宫。"一般认为，这一思想与传统对中轴线的刻意追求有着密切关联。北京城居天下之中，皇城居京城之中，宫城又居皇城之中，而宫城又以中轴线为"中"。在中国传统文化中，古人认为天帝居住在上天紫微星垣中的紫微宫，有万间之多。因而就有了紫禁城有九千九百九十九间半房屋的传说。皇帝自诩为受命于天，把自己称为"天子"，把皇宫视为天下中心，所谓"王者必居天下之中，礼也"。

北京中轴线作为北京老城的核心，蕴含着元、明、清封建都城在城市规划方面的独特匠心，代表着中国文化"以中为尊"的价值观。对称形式是中国传统文化的美学法则，古人认为对称形式能给人们以健康的美感。因此，在城市营造时出于尊崇，往往将地位最高的建筑放在正中，其他建筑环绕在两侧。中国古代城市大多有清晰的南北轴线、规整的对称格局，体现"中正"之美。在古人的概念中，既考虑以"中"为核心，又考虑到公平、公允的"和"，形成"中和"理念。这些理念对当代和后代社会具有普遍的参考价值。

其次，"和"也是紫禁城设计与建设的法宝。紫禁城的前朝中轴线上屹立着3座大殿，亦称前三殿，是紫禁城外朝的中心建筑，也是紫禁城内的主体建筑，南北依次坐落在"土"字形前出丹陛台的三台之上。明永乐年间三大殿的名称分别为奉天殿、华盖殿和谨身殿，明嘉靖年间更名为皇极殿、中极殿和建极殿，清顺治年间又改称太和殿、中和殿和保和殿，此后，三大殿名称沿用至今。

三大殿名称中都包含了一个"和"字，提升了三大殿的思想境界，把传统文化中最为重要的"和"精神体现了出来，既揭示了自然规律即天道，又明确了治国思想：建立和谐社会，实现大同理想。

中国古代哲人以"太和"为"和"的最高境界。"太和"来自《周易》："乾道变化，各正性命，保合大和，乃利贞。首出庶物，万国咸宁。"意思是说，大自然运行变化的规律，使宇宙自然中万物各自形成其品德属性，又保全了阴阳会合冲和的元气，以有利于守持正固。"大和"，亦写作太和。"大"也读作太，与太是通用字。"保合大和"为保持四时风调雨顺、寒暑适宜的自然景象。"保"即保持，"合"为犹成。《周易本义》释"大和"为"阴阳会合、冲和之气"，即万物的"太和元气"为四时之气皆极谐，故"太和"就是宇宙的最佳和谐状态。

源远流长的中国"和"文化在秦代之后从两汉经学、魏晋玄学，中经唐代佛学、宋明理学，再到近代思想的反思和革新，绵延不断。"和"作为中国传统文化的突出特征，所塑造的文化心理、思维取向与行为方式，深深烙印在中国社会历史进程中。以"和"为核心价值的"和"文化体系，成为中华民族标志性的文化符号，是中华民族普遍认同的人文精神。在国家政治生活中，中国文化认为和谐的社会才是理想的社会，因此古代常以"和"与"谐"来描绘美好的社会。例如，历史文献中的"政通人和""太平盛世"等，也是对治理有方、国力强盛、人民安居乐业的称誉。

"天人合一"的信仰，不失中国传统哲学对自然的尊重和对人与自然和谐关系的理解。故宫太和殿是三大殿的正殿，规格最高，体量最大，是皇帝举行大朝典礼之所，每年元旦、冬至、万寿三大节日及逢登基、亲政、大朝会筵宴、命将出师等，均在此举行。"太和"与"保和"是讲宇宙生成万物及万物和谐相处的条件与环境；"中和"则是讲人性的修养，是情绪的原始状态。保持内心的中和，就可以臻至大道。所谓大道，就是回归于太和之气上，达到至善；只有这样，才能赞助天地，化育万物。

此外，紫禁城的文化空间表现出大面积背景下的秩序与和谐。紫禁城内还有很多带"和"字的宫、殿、门、轩，例如，元和殿、体和殿、永和宫、同和殿、颐和轩、协和门、熙和门、延和门、景和门、咸和左门、咸和右门、履和门、永和门、蹈和门等。紫禁城建筑物众多的匾额和联匾中，也有不少体现"和"文化的内容，例如，养心殿的"中正仁和"、颐和轩的"太和充满"、军机处的"一团和气"、乐寿堂的"与和气游"、慈宁宫的"嘉承天和"、体顺堂的"含和履中"等。

燕墩与元明清"中轴"位置疑云

燕墩

中国自古就有阴阳五行之说，这一思想历代顶礼，百朝尊奉，物化到统治者的生活中，宫廷建筑成为最典型的代表。清朝乾隆年间，对元、明两朝按照五行金、木、水、火、土形成的"五镇"传说进行了确认。全国不但有五镇，还围绕北京老城形成五个镇物，即东方为木，镇物是北京东郊皇木厂的"神木"；南方为火，镇物是永定门外的燕墩；西方为金，镇物是大钟寺内的华严钟；北方为水，镇物是昆明湖东岸边的铜牛；中央为土，镇物是中轴线上的制高点——景山。这一格局的确认，进一步强化了北京中轴线的文化地位。其中，景山和燕墩位于北京中轴线上。

燕墩是北京永定门外约 400 米处一座看起来并不起眼的方形墩台，它的历史可以上溯至元代，是北京城发展过程的亲历者和见证者。数百年来，它矗立在中轴线西侧，与其他几个方向的镇物一起默默地守护着这座古老的城市。燕墩本名烟墩，就是烽火台，但是燕墩的主要职能不在于军事，而是在政治和思想层面。按照阴阳五行之说，正南主火，城南宜设立与火相关的建筑。因此，在城南设立燕墩，既是五行之说的需要，也是对自古以来五镇观念的继承和发展。

明代前期的燕墩只是一座土墩，明嘉靖三十二年（1553）增建北京外城时才把燕墩用砖包砌成了砖墩。清代乾隆年间又在燕墩上增建了"九龙宝盖石幢"。其碑身镌刻由乾隆皇帝亲笔所写的《皇都篇》和《帝都篇》两篇诗文。《皇都篇》刻于碑身南面，主要是颂扬清朝统治前期物阜民丰、天下太平的景象，其最后一句"富乎盛矣日中央，是予所惧心彷徨"，则反映了乾隆皇帝居安思危的思想；《帝都篇》刻于碑身北面，论述了中国古代各个时期主要都城的优劣，分析了北京优越的地理位置及作为都城的优势，并提出了"在德不在险"的治国理念。

有关专家认为，燕墩涉及元大都与明清北京城的中轴线关系问题。北京永定门外燕墩，处于元、明、清时期北京城中轴线的延长线一侧。元大都南垣的正门是丽正门。据相关史料记载，燕墩原本"正对当年丽正门"，也就是说，它应当位于元大都南北中轴线的延长线上。明北京城继承了元大都土城的中轴线思想，但是把中轴线向东移动了约 150 米，所以原本在元大都中轴线延长线上的燕墩，并不是正对明清北京城的中轴线，而是在中轴线稍西的位置。

元明清"中轴线"位置疑云

元代宫殿的中轴线位置，是北京城市考古的一个重要问题，围绕这一问题一直都有争论。长期以来，人们多认为，明代宫城中轴线比元代宫城中轴线略微偏东；近代更有学者强调，元明两代的宫城中轴线并不重合。关于元大都中轴线主要有两种说法：一是朱偰、王璞子等学者认为元大都中轴线是在今旧鼓楼大街至故宫武英殿一线。但是这种说法被赵正之、徐苹芳等学者从考古成果角度加以否定。二是梁思成、赵正之、侯仁之等学者提出元大都中轴线在今故宫至钟鼓楼一线，这种说法逐渐成为共识。人们经常所说的南起永定门、北至钟鼓楼、长7.8千米的"传统中轴线"，往往就是基于这种认识。

20世纪70年代初，中国社会科学院考古研究所和北京市文物管理处为解决元代大都中轴线的准确位置问题，曾在北京城内进行过考古勘探，其中在景山北墙外地面下探出一段南北走向的道路遗迹；同时，在景山公园内寿皇殿前也探出大型建筑夯土基址，这些考古发现确定了掩埋在地下的这段道路遗迹，是当年南北贯穿大都城的中轴线及其建筑基址，从而证实了明清北京城的中轴线与当年元大都的中轴线完全重合，只是在建筑起点上存在差异，这一观点后来成为主流看法。但是争论并没有结束，至今仍然存在着两种不同的看法，也在进行着相关的努力。

2016年5月，故宫内的考古发掘工地传出消息，故宫考古研究所在故宫隆宗门西遗址发现了元代地层，叠压着关系清晰的元、明、清遗址，堪称故宫"三叠层"。这一新发现，为故宫中轴线与北京城中轴线等学术问题的进一步破解提供了新的线索，引起了人们的高度重视。但是，要真正解决元大都中轴线的位置问题，除了故宫内考古以外，还需要结合故宫周边的考古，整个城市的考古，尤其是城市中轴线的考古开展专题研究。

从事北京古城保护及城市规划问题系统研究的学者王军先生认为，中国是世界上农业产生最早的国家之一，观象授时对农业文明的发生具有决定性意义，由此衍生的时空观对中国古代城市规划产生深刻影响，北京老城"子午卯酉"时空格局即为其典型代表。不同于西方城市的蔓延生长模式，北京城所代表的以天地自然环境为本体、整体生成的东方城市营造模式，源于中华先人固有的宇宙观。农业种植的产生，意味着人类不但驯化了作物和动物，还准确掌握了时间，后者则以"辨方正位""历象日月星辰"为基本方法。

通过对北京城平面进行分析，王军先生认为，明清北京城的南北子午线（即正南、正北的中轴线）在正位定时活动中是最为重要的观测轴。中华先人正是通过在这条子午线上立表观测正午时分日影消长的变化，得知一个回归年的准确时间，并掌握了夏至、冬至、春分、秋分4个重要时间节点，进而确立了一年二十四节气，以指导农业生产。而明清北京城的卯酉线，即日坛与月坛连接线，正与春分、秋分对应。明清两朝，春分行日坛之祭，迎日于东；秋分行月坛之祭，迎月于西。南北子午线两端，则是冬至祭天的天坛，夏至祭地的地坛。

永定门至钟鼓楼的子午线与卯酉线交会于紫禁城三大殿区域，这是非常重要的测定时间的地平方位体系，它象征着三大殿乃立表之位，正与太和殿"建极绥猷"匾、中和殿"允执厥中"匾、保和殿"皇建有极"匾真义一致，彰显三大殿居"中"而治。王军先生进一步加以阐述，"在子午卯酉、东南西北这几个观测点上，我们各读出了春、夏、秋、冬，这是一个测定时间的空间系统，它和中华文明的产生息息相关。中华先人独创的天文观测体系，塑造了时空密合之人文观，催生以天地自然环境为本体、整体生成之规划法，紫禁城与明清北京城时空格局乃此种规划法之集大成者，代表了迥异于西方的城市营造模式"。

《周礼·考工记》记载了立表测影、辨方正位之法，即以直立的表杆基点为圆心画圆，太阳东升时，表杆之影与圆有一个交点；太阳西落时，表杆之影与圆又有一个交点。将两点连接，即得正东、正西之线；将此线中心点与表杆基点连接，即得正南、正北之线。在这套观测体系中，观测日影用的表杆"槷"与以表杆基点为中心在地上画出的圆"规"，共同组成了"中"字之形，这正是汉语"中"字所象之形，这对中国建筑乃至城市以轴线对称的"中"字形布局产生了决定性影响。

Axe central de Beijing

第四章
故事中轴
惊艳世界的申遗之路

我始终认为北京中轴线是世界上最壮美的城市轴线，具有突出的世界性价值，是独一无二的人类创造性文化结晶，应该成为世界文化遗产大家庭中当之无愧的重要成员。

2011年3月，我在全国政协十一届四次会议上提交了《关于推动北京传统中轴线申报世界文化遗产的提案》。首先，建议加大传统中轴线的整体保护力度，进一步扩大传统中轴线的保护范围，将传统中轴线两侧的历史河湖水系，棋盘式道路网骨架和街巷格局，传统四合院民居建筑群，以及传统中轴线两侧平缓开阔的空间形态，城市天际线和重要的街道对景，传统建筑色彩和形态特征等，均纳入北京传统中轴线的保护内容。其次，建议组织专业力量，对中轴线沿线文化遗产资源进行全面调查，深入研究和阐释传统中轴线的文化价值，制定北京传统中轴线文化遗产保护专项规划，并将其纳入北京核心功能区规划统筹考虑实施。按照保护专项规划开展相关文物保护修缮和环境整治工作，对长期占用文物建筑、管理混乱的使用单位，加大搬迁腾退力度，切实改善北京传统中轴线文化遗产保护状况和景观风貌。最后，建议将北京传统中轴线申报纳入《中国世界文化遗产预备名单》，在深入开展相关研究，做好文化遗产保护和环境整治工作的基础上，及早启动北京传统中轴线申报世界文化遗产工作。

提案得到了40位全国政协委员的联名响应。2012年11月，国家文物局正式将北京中轴线列入《中国世界文化遗产预备名单》，标志着北京中轴线作为世界文化遗产的独特价值得到肯定，北京中轴线申报世界文化遗产的各项工作开始步入轨道。从列入《中国世界文化遗产预备名单》到申遗成功，北京中轴线申遗用了12年。

文化遗产申遗需要做很多准备工作——需要进行文化遗产资源调查，制定清晰的保护规划，实施重要文物建筑保护修缮、进行环境整治，编制整体保护规划文本，在此基础上编制申遗文本，提前两年向联合国教科文组织世界遗产中心提交申遗文本，迎接专家的检查，最后到世界遗产大会上进行讨论是否能够列入《世界遗产名录》，这个程序是有条不紊的，必须做好每一个环节的工作。

实际上，每一项世界遗产申遗成功，几乎都需要长达 10 年左右的时间，例如大运河 2004 年提出申遗，2014 年申遗成功；杭州西湖文化景观 2002 年提出申遗，2011 年申遗成功，这些已经算是节奏比较快的了。从 2005 年

北京中轴线申遗成功时使用的木槌和落槌板

开始，按照规定，每个国家，无论大小，每年只能申报一项文化遗产。中国作为有着 5000 多年文明史的国家，有着丰富的文化遗产资源，但是每年只能选择一项文化遗产进行申报，所以导致有很多项目都在排队等待。

申遗成功对北京中轴线保护来说，只是进入一个新的起点。每处世界文化遗产申报成功以后，都会带来一系列保护世界文化遗产的课题，这个课题尤其在中轴线上，会永无止境、越来越多。

老城复兴

擦亮历史明珠

中华人民共和国成立以来，在保护与发展的道路上，北京进行了艰难的探索。在如何对待北京老城的问题上，很多有识之士选择了倾心呵护。他们殚精竭虑、呕心沥血，或著书立说，或实地考察并编制方案。他们的呼吁和努力，为今天保留下许多文化遗产和珍贵史料，也为我们留下了美好的记忆与便利的生活。

必要的"纷争"

在确定北京为中华人民共和国的首都之后，城市定位为"以政治、文化、科技、教育为主，以轻工业和手工业为辅的城市"。当时关于北京城市建设的总布局是：中共中央和中央人民政府设在老城里，老城区还包括大部分居民区，并均布幼儿园和小学、中学及服务行业；国家各部委和北京市各职能局，以及各民主党派等大机关分布在城外近郊区；近郊区的居民区内，分设幼儿园和中小学校，以及商业等服务业；风景游览区、文教区、工业区，以及蔬菜和花卉生产基地也都设置于郊区。道路建设按照放射路与环路以及联络线设定，形成道路网络系统。

如果此后的历史按照这样的规划定位，北京的老城会顺理成章地得以保留，与此同时建设一个新的北京城。但是，这样理性的规划定位很快有所改变。后人的解释是，中华人民共和国成立之初，在为工农业生产服务、为首都城市发展服务的政策理念引领下，为把北京从"消费城市"变成"生产城市"，需要进行不懈努力。当时中国百废待兴，缺乏管理和建设城市的资金。如果让它在一片郊区的荒地上建造一个行政区，没有足够的财政资源。另外，利用当时的北京老城，是因为要面对老城存在的失业和城市垃圾等问题。

当时不仅召集了一些著名的中国专家学者参加规划研究，还特邀了苏联专家小组来京协助研究北京的城市规划建设问题。在首都行政中心位置的问题上，苏联专家认为，以苏联设计和建设城市的经验，证明了住宅和行政房屋不能超出现代城市价值的 50% ～ 60%，而 40% ～ 50% 的价值是文化与生活用房（包括商店、食堂、学校、医院、电影院、剧院、浴池等）和技术设施（自来水、下水道、电气和电话网、道路、便道、桥梁、河湖、公园、树林等）。拆毁旧房屋包括居民迁移费，其价值不超过 25% ～ 30%。

因此，苏联专家认为，鉴于在老城内已经有文化与生活必需的建筑和技术设施，若行政中心设在新市区，则要新建这类设施。因此，在老城区虽有居民拆迁、增加投资的一面，又有节省文化、生活用房和技术投资的一面，两相抵消，还是在旧城建房便宜。有的苏联专家还认为，北京是一座美丽的城市，有美丽的故宫、大学、公园、河湖、笔直的大道和若干其他宝贵的建设，已经建立了并装饰了几百年的首都，完全没有弃掉的必要。如果再建设良好的行政房屋来装饰北京的广场和街道，可增强首都的重要性。

1950 年，为确定北京未来的城市布局，开展了行政中心位置确定的研究和探讨。一方面以苏联专家阿布拉莫夫、巴兰尼可夫和华南圭，以及中国专家朱兆雪、赵冬日等为代表，建议将行政中心放在老城内，认为北京老城是中国千年保存下来的财富和艺术宝藏，具有无比雄壮美丽的规模与近代文明设施，具备作为中华人民共和国首都的条件，自然应以此建设首都中心。这是合理而又经济的打算。这样可保存并发挥中华民族特有的文物的价值，是顺应自然发展趋势的。

另一方面，以梁思成、陈占祥为代表的专家建议在老城外建设首都行政中心区，认为北京的整个形制既是历史上可贵的孤例，又是一个艺术上的杰作。老城内的许多建筑是建筑史、艺术史上的至宝。整个故宫自不必说，其他许多文物建筑也是富有历史意义的艺术品。我们在北京城里绝不应以形体不同的新建筑来损害这优美的北京城。

从城墙望中华门（20 世纪 20 年代）

梁思成先生认为，北京城规划发展的核心问题是行政中心区的位置问题。这一问题关系到北京市今后的发展方向、规划原则、行政中心区位置的确定，也同时决定了北京的老城改造政策。我们的新建筑因为生活的需要和材料技术与古代不同，其形体必然与古建筑极为不同。它们在城中沿街或围绕着天安门广场建造起来，北京就立刻失去了原有的风格，而成为欧洲现在正在避免和力求纠正的街型。无论它们本身如何壮美，必因与环境中的文物建筑不调和而成为凌乱的局面，损害了文物建筑原有的整肃。我们承袭了祖先留下的这一笔古今中外独一无二的遗产，维护它的责任是我们这一代人所绝不能推诿的。梁思成先生主张把首都的行政中心区放在月坛至公主坟之间的地段。其理由包括：

一是旧城布局系统完整，难以插入庞大的工作中心区。北京城之所以著名，就是因为它是有计划建设起来的壮美城市，而且到现在仍然还很完整地保存着。除却历史价值，城市的建筑形体同街道的秩序，都有极大的艺术价值，非常完美。所以，北京旧城区是保留着中国古代规制、具有都市计划传统的完整艺术实物。这个特征在世界上是罕贵无比的。今后，我们则应自觉地承担责任，有原则地保护它，永远为人民保护这有历史艺术价值的文物环境。

二是用地不允许。城区人口密度平均每平方千米约有 2.14 万人，行政中心安排在城区，势必要大量拆迁。初步估计要拆除 13 万间房，迁出 18.2 万人。这样做不仅增加城市的投资，破坏了城市原有环境，而且工作人员只能住在城区，若是远距离进城上班，则会增加交通的复杂性。从历史上看，辽、金、元每次迁移、发展的过程，都随着发展需要另辟更广阔的新址。明代把内城南移，增筑外城，也是如此。

在西郊建设政府中心，能够有效规避现存的困难与缺陷，达成新旧区域协同发展的局面。于新区而言，其拥有充足的拓展空间，可避免与其他区域相互交错、混杂，建筑方面能够将新型材料与本土材料有机融合，在彰显民族传统韵味的同时，亦能展现出时代的气息与风貌，构建出具有中国独特风格的城市布局，中轴线清晰明朗，整体氛围庄严整肃，并且有利于科学合理地规划住宅区及交通网络。而老城区域，则无需强行植入格格不入的现代建筑，从而得以完整地保留其历史文化风貌，转型成为博物馆及纪念性文物的集中展示区；昔日的皇家苑囿、坛庙等场所，也可改造为供民众休闲放松的公园区域或大型城市广场，进一步提升城市的文化底蕴与公共空间品质。

1952 年 2 月，梁思成先生与中国著名建筑学家陈占祥先生一起提交了《关于中央人民政府行政中心区位置的建议》，即著名的"梁陈方案"。按此方案，新的行政区设在月坛和公主坟之间，北至动物园，南至莲花池。这一计划根据现代城市规划的基本理论，同时汲取了欧洲大城市蔓延滋长，形成庞大组合的教训。它不仅符合按功能分区的城市部署原则，而且更有利于保护规划严整壮美的文化古都。

双方虽然对北京老城的改造、保护存在不同意见，但是都充分肯定了北京老城的历史价值和极高的艺术美学价值。最终在1953 年，北京市委明确"必须以全市的中心地区作为中央首脑机关的所在地"，确定了以北京老城为中心、逐步扩建首都的方针。

在"梁陈方案"被否定之后，由于没有统一的行政中心区规划安排，即在一些当时的公房、王府和保存最好的四合院内安排各级行政办公机构。大量行政办公的职能进入北京老城，大量新建筑的出现，带来了对北京老城的破坏。此后，随着各项事业的发展，行政办公用房严重不足，各单位或原地拆房扩建，造成文物的大量拆除；或另行选址建设，形成了分散的布局。目前行政办公机构广泛分布在北京老城内外的各个区域，与居住、商业、金融商贸设施混杂，造成功能相互干扰和影响，不利于行政职能的有效发挥。

1958年在"新北京"的建设议题下，北京市确定了老城改建的重要任务，要求加快老城改建的步伐，提出"10年左右可以完成城区改建"的想法。因此明确了要对北京老城进行"根本性的改造""坚决打破老城市对我们的限制和束缚"。1966年"文化大革命"开始后，北京城市总体规划被国家建委暂停。1968～1972年，在无规划指导状态下进行的城市建设对北京老城造成了极大伤害，诸多文物古迹及周遭环境遭到破坏。

拆迁绝不是目的

北京老城内城根、坛根、古河道周边等地带，多是民国时期和中华人民共和国成立以后逐步发展形成的居民居住区，由于房屋建设质量差，成为老城区内最早出现的危房区域。20世纪80年代，先后采用搬迁、整治的思路，开展了以解决危房、拆除违章、提升环境、恢复区域历史景观为目标的大规模城市整治工程，共搬迁住户1万余户，在社会上产生了良好的影响。

虽然在1983年实施的《北京城市建设总体规划方案》中早已明确"加强和完善全国政治中心和文化中心的功能""城市建设的重点要从市区向远郊区转移""保护古都的历史文化传统和整体格局"等原则，但是在规划实施过程中阻力很大，保护规划难以落实、执行难的问题突出。特别是北京老城整体保护难以得到落实，部分停留在口号上，人口疏解进展缓慢，违反城市规划的违章建设时有发生，城市建设在北京老城集中发展的局面长期没有得到根本性改变。

多年来，"旧城改造"使北京老城受到严重损害。造成这一后果的原因，首先是认识问题，其次是价值观念问题。在一些人眼里，北京老城内的一些地区成为"脏乱差"的代名词，在这里公共配套不足、绿化环境破损、道路交通不畅、基础市政设施缺乏、卫生设施老化、房屋建筑失修，凡此种种，消解着城市中人们对于北京老城的认同。因此，长期以来存在着一种非常片面的观念，认为胡同和四合院实属陈旧落后的事物，没有什么保护价值，迟早会被现代楼房和高楼大厦所取代。

这种观念和认识也体现在 1983 年实施的《北京城市建设总体规划方案》中，在"旧城改建"一章中规定：整个旧城的建筑高度以四、五、六层为主，也可以建一部分十几层的楼房，个别建筑还可以再高一点。就是这种认识和这一规定，直接导致在老城治理中对历史街区"痛下杀手"，成片的平房、四合院伴随着"旧城改造"灰飞烟灭，大量楼房建筑出现在北京老城，越来越多的传统街道被拓宽为交通干道，这些都意味着大量传统胡同和四合院被鳞次栉比的高楼大厦所取代，人们的记忆荡然无存。

如果说从 20 世纪 80 年代开始的"旧城改造"对北京老城保护带来了第一次冲击，20 世纪 90 年代开始实行的土地批租制度，将北京老城大规模改造推向高潮，"建设性破坏"成为老城保护的罪魁祸首。实行土地有偿使用后，城市建设模式发生了巨大的变化，通过房地产开发来带动城市建设的模式全面展开，对老城保护带来了极大的冲击。对北京老城进行"大拆大建"的过度改造做法，不仅破坏了历史环境、地区文脉和场所精神，还导致城市的宜居性和包容性快速降低。北京市自 1990 年正式开展"危旧房改造"工程以来，大致经历了 3 个阶段：

第一阶段是 1990 ～ 1997 年。1990 年 4 月，在全市范围内实施了较大规模的"危旧房改造"计划。解决的是老城内危破程度严重的房屋，这些房屋主要集中在内城的原"墙根"一带，以及外城的原"坛根"附近。1992 年，土地批租制度开始施行，房地产开发项目纷纷涌入北京老城之内。至 2000 年止，全市累计开工危改小区 168 片，竣工 53 片，竣工面积达 1450 万平方米，动迁居民 18.4 万户，累计投资约 469 亿元。

这一时期，作为"危旧房改造"主要途径的房地产开发，一般采取原地改造建设的方式，就地平衡资金，在 1994 ～ 1996 年达到高峰。房地产开发大量介入经济回报丰厚的地段进行改造，暴露出诸多问题。最为突出的是一些改造建设单位为了追求高回报率，在普遍采取"推平头"的拆迁之后，要求提高楼房建设高度和容积率。不断"长高""加密"的结果，是对北京老城传统风貌造成的极大破坏。同时，"开发带危改"一般采用货币拆迁的方式，大量北京老城原住民不得不外迁到城外，破坏了北京老城原有的居住形态和社会结构。

当城市进入高速发展时期，城市面临巨大的扩张压力。同时，伴随经济体制逐渐从计划经济转向市场经济，以追求市场的最高回报为目的的房地产开发逐渐成为城市建设的主体。房地产市场应运而生，并带动了北京老城土地价值的提升。一些开发建设项目，无所顾忌地大拆大建，致使老城原有的社会组织结构、社会网络及居民间的邻里关系被破坏，导致社区解体，带来了就业困难、人际关系疏远、人情冷漠等社会问题。

这一时期，驱动北京"旧城改造"的因素主要有 3 个方面：

一是经济全球化的发展趋势和中国城市化的快速推进是驱动北京"旧城改造"的重要因素。二是中国城市土地市场逐渐形成，级差地租效应随之增强，地方政府和开发商等相关主体的趋利性对北京"旧城改造"具有驱动作用。三是北京老城内的建筑质量、空间品质和基础设施条件普遍较差，与公众的实际使用需求有落差，也是北京"旧城改造"的驱动因素之一。由此，开发企业追求经济效益的目标与政府追求城市经济发展的诉求一致，因而成为北京"旧城改造"过程中的主导因素。

为加快老城内"危旧房改造"的速度，当时在全市范围内曾实施了以拆迁项目带危改、市政工程带危改、开发建设带危改、道路扩建带危改"四个结合"的规定，即开展多种形式的危房改造工程。这种以建设工程带动并开展的"危旧房改造"，显然是从保证开发建设的角度出发确定的，而不会考虑到传统街巷、胡同、四合院及旧城内的传统建筑的保护，如果仍然继续按照原定拆迁项目、市政工程、开发建设、道路扩建等工程规划实施，北京老城内的历史建筑和传统风貌必然"面目全非"。由于这一时期的"危旧房改造"处于初期阶段，实施区域多在北京老城的边缘地段，与老城胡同四合院保护的矛盾还未充分显现。

第二阶段是 1998 年至 2003 年 3 月。随着中国加入世贸组织和 2008 年奥林匹克运动会的申办，北京掀起了一股新的建设高潮。作为"十五"计划重点项目的北京市"危旧房改造"也进入了一个高速发展的新阶段。这一时期"危旧房改造"工程项目之多、动迁改造规模之大、危改速度之快，是自 20 世纪 90 年代北京实施"危旧房改造"以来前所未有的。特别是为了以新的城市面貌迎接 2008 年奥林匹克运动会，在全市范围内加快了市政建设的步伐，而北京老城内的"危旧房改造"也成为这一时期的一项"重要而紧迫"的任务。

这一时期，北京市提出在 5 年时间内基本完成全市危旧房改造的计划，其重点是老城内的危旧房，目标为拆除改造危房 303 万平方米，成片拆除 164 片危旧房改造区，涉及居住房屋面积 934 万平方米，动迁居民 34.7 万户。作为市、区政府的一项重点工作，有明确的截止时间要求，因此各区都与市政府就将要实施的危旧房改造项目签订了目标责任书。而这种实施方式导致的结果是，危旧房改造片面追求拆建的数量和速度，而忽视了对城市环境、历史、社会的深远影响。同时，为了推进危旧房改造，部分项目从确定到建设各个环节的决策都比较仓促，操作方式简单。

在这一背景下，2000～2002 年，北京拆除的危旧房总计 443 万平方米，相当于前十年的总和。"危旧房改造"项目一度基本是成街、成片的规模。"危旧房改造"区内除各级文物、古树和个别建筑予以保留外，基本以推倒重建的方式改造，并简单套用一般居住小区的规划设计模式。随着地价和楼价的持续上涨，社会上形成了要求改造北京老城的巨大经济力量，"旧城改造"成为有利可图的投资"热点"，以成片推倒、拆低建高的房地产开发方式持续推进实施。

2001 年 7 月，北京市成功申办 2008 年夏季奥运会，城市建设迎来大发展时期。高层高密度的城市景观正逐渐从北京老城边缘地带向老城中心推进，从局部的几个点向成街、成片蔓延，拆多保少，越拆越快，忽视对古都风貌特色的基本认识和研究，对北京老城平缓开阔的空间形态，以及中轴线、城市景观走廊、传统轮廓线和历史文化保护区等体现古都风貌的精华部分造成了进一步的破坏。

　　在这一形势下，各地政府开始推进新一轮"旧城改造"计划，大量的建设项目，打着"危旧房改造"的旗号，实施大规模商业开发，导致北京老城风貌的完整性遭到很大破坏，造成了不可挽回的局面，并引发了格外复杂的矛盾，也引发了各类全局性问题。以往"大拆大建"的改造方式，一般采取"先易后难"的做法，而开发企业则"挑肥拣瘦"，率先改造那些有机会整体大规模开发、升值潜力大、居民人口较少、外迁安置难度相对较低的地段，把"肥肉"都吃掉后，最后剩下的则是居住人口最密集、居民生活最困难的地段，由于改造成本过高、牵扯社会问题复杂，而最终成为"烫手的山芋""难啃的骨头"，成为一片片被高楼包围的孤岛，历史街区的生态环境遭到严重破坏，大量传统住宅区域变成了"插花地"，洋杂混居，历史景观大打折扣，难以得到有效改善。

　　一时间，走在北京老城的街道上、胡同中，路边四合院外墙画着白圈的"拆"字一度成为一道寻常的"风景"。"拆"似乎已经成为不少地区建设的第一步。随着城市建设大规模展开，"危房改造"被理解为"危旧房改造"，致使数以百计的胡同、数以千计的四合院传统民居与其中延续几代的生活环境一起，在推土机下轰然消失、销声匿迹，文化损失十分惨重。"拆"使历史城区丧失了传统肌理，"拆"使历史街区遭到了灭顶之灾，因此"拆"被中国当代作家冯骥才先生斥为"二十年来中国城市中最霸道的一个字"。

　　在《北京城市总体规划》的指导下，北京市规划院于1999年编制完成了《北京市区中心地区控制性详细规划》，并发布实施。控制性详细规划对北京老城的规划建筑高度控制提出了更为细致和明确的要求。但是，老城内的部分改造项目出于对高回报率的追求或平衡建设资金的需要，纷纷提出提高规划建筑控制高度，从而达到提高建筑容积率的目的。同时，建筑高度相互攀比也成为危旧房改造项目突破高度的理由。这一阶段，北京老城内除25片历史文化保护区外，在传统平房四合院区域内，列入改造计划的项目达到130余片，在改造搬迁的高峰年度，每年从老城内外迁住户超过3万户。短短几年内，老城内大量的传统平房区域逐渐被楼房小区所取替，对老城整体保护影响很大，与老城胡同和四合院保护的矛盾异常突出，这一变化引起社会各界的高度关注。不可否认，"危旧房改造"对改善市民的居住条件起到了一定作用。但是，大规模的"危旧房改造"存在的问题也十分令人担忧，尤其是对北京老城传统风貌造成的极大威胁方面。

房地产开发建设的本质，就是利用老城内的土地及空间进行建设，与开发地域上的传统胡同、四合院的保护相互矛盾。房地产开发建设所追求的目标，往往是获得最高的建筑容量和最大限度的建设高度，以增加的建筑面积换取更大的经济效益，因此造成以牺牲传统民居建筑和地区传统风貌为代价的"推平头式"改造在一段时间内大行其道。

第三阶段是2003年4月以后。大规模危旧房改造引起了社会各界的广泛关注和强烈反对。2002年9月，侯仁之、吴良镛、宿白、郑孝燮等25位专家、学者致信国家领导人，在《紧急呼吁——北京历史文化名城保护告急》中强烈呼吁，立即停止二环路以内所有成片的拆迁工作，迅速按照保护北京城区总体规划格局和风格的要求，修改北京历史文化名城保护规划。2003年8月，谢辰生先生致信国家领导人，针对大规模危旧房改造所造成的严重后果呼吁，现在仅存的部分无论如何是不能再继续破坏了。这些呼吁受到国家领导人的高度重视。

2004 年 10 月，吴良镛教授在部级领导干部历史文化讲座上大声疾呼："北京市应采取有效措施立即停止在旧城内的一切大规模拆除'改造'活动，改弦易辙！应转变现有的危改模式，'整体保护，有机更新'，拟定新的政策条例，抢救已留存不多的古都历史性建筑风貌保护区，逐步向周边地区转移旧城的部分城市功能，通盘解决北京旧城保护的难题。"同时建议，"旧城行政办公应适当迁出，集中建设，并为旧城'减负'。"他还提出，"旧城功能调整与新城建设规划应配套进行，旧城服务设施疏解到新城的中心，推动新城的发展。北京市政府机关作为表率，可率先迁出旧城，避免旧城内单位的'观望'现象，带动修编后的规划实现"。

北京市深化历史文化名城保护规划，对于老城内的胡同、四合院采取一系列的保护措施，对保存较好的四合院采取挂牌保护的措施，将处于改造区域内的 658 座四合院等传统建筑列入保护之列。更重要的是，对于过去的"危旧房改造"思路做了根本性的调整，从以往对胡同、四合院采取的"改造、建设"转变为"保护、维修"。在这一思路的指导下，延续多年的以"大拆大建"为主要方式的"危旧房改造"工程，最终转变为以维修保护和提升居住环境为目的的实施过程。

2005 年 1 月，国务院批复的《北京城市总体规划（2004 年—2020 年）》提出了"整体保护旧城、重点发展新城、调整城市结构"的战略目标。可是，这一版总体规划的实施并不理想，未能彻底阻止推土机进入北京老城，其中一个重要原因是相当一批"危旧房改造"项目过去已经启动或经过批准，尤其是宣南地区，成片拆除胡同、四合院的情况仍然时有发生。于是，一些专家学者呼吁必须迅速叫停北京老城内所有成片拆迁项目，以居民为主体保护修缮胡同、四合院，彻底解决私房历史遗留问题，切实保护产权，完善四合院交易平台，复兴城市自然生长机制。同时建立直管公房租户退出机制，保障真正需要保障的居民，在维护社会结构稳定的前提下，合理降低人口密度。

一直以来，合理降低人口密度是北京城市规划执行中的难点。改革开放以来，北京市前后 4 次修订城市总体规划。但是每次新修订的城市总体规划在执行过程中，总是在仅仅几年以后就会率先突破人口控制指标。例如，1982 年修订的《北京城市建设总体规划方案》要求，20 年内全市常住人口控制在 1000 万人左右，1983 年 7 月，中共中央、国务院对《北京城市建设总体规划方案》的批复要求，北京市到 2000 年的人口规模控制在 1000 万人左右。但是 4 年以后的 1986 年，1000 万人的规模就被突破。2000 年末，北京常住人口达到 1357 万人，比城市总体规划的人口控制指标超出 357 万人。

1991 年修订的《北京城市建设总体规划方案》要求，到 2010 年北京常住人口控制在 1250 万人左右。但是 5 年以后的 1996 年这一指标也被突破。2010 年末北京常住人口达到 1800 万人，比城市总体规划的人口控制指标超出 550 万人左右。此后，《北京城市总体规划（2004 年—2020 年）》要求，2020 年北京实际居住人口控制在 1800 万人左右。这一人口控制指标与现实差距更加明显，使城市总体规划的权威性受到严重影响。

针对北京城市建设存在的突出问题，人们将其概括为"城市病"。"城市病"由交通拥堵、环境污染、空间失序、风格缺失等一系列问题组成。造成这种尴尬结果的主要原因，是城市功能的定位过于繁杂且过于集中，汇总这一时期对于北京城市功能的表述包括：政治中心、文化中心、经济和金融管理中心、信息中心、交通中心、国际交往中心、旅游中心、高新技术制造业中心。功能的繁杂造成人口不断向北京聚集，人口控制指标难以实现。人口规模是城市总体规划的基础，人口控制指标在规划期内轻易被突破，直接影响城市用地指标、城市基础设施等城市总体规划的科学执行。

2016 年 1 月，北京市又公布了一个棚户区改造计划，相当一批胡同、四合院被划入其中，以房地产开发公司为主体实施，再次使关注北京老城和胡同、四合院保护的人们格外担心。近年来，一些城市在历史街区推行大规模重建或环境整治，试图"打造"文化景观，提升城市的吸引力与文化品位，却对历史街区造成伤害，引发较大争议。一些城市以传统建筑元素进行装饰性的大规模环境整治，一次性成片打造"设计师景观"，脱离了历史真实性与社区生活，对历史街区造成了伤害。在一些历史街区内，出现了大尺度的新建四合院，即在拆除清理后的基址上，成片新建大体量的四合院。这些新建四合院有些被租用于高端办公、酒店、餐饮或商务会所，有些尚处于空置状态，但是新植入的功能和使用者总体上是高端人群。

北京老城街巷胡同保护的难点之一是尺度问题。历史文化街区的街巷景观是历史文化的重要载体，一般意义上包括历史街区内反映历史延续性的街巷和胡同的空间、尺度特征，反映不同时代历史痕迹的街道界面特征，以及反映历史传承的其他街巷环境特征。具有历史延续性的街巷和胡同的空间、尺度特征，包括延续自久远年代的街巷、胡同的走向、宽度、宽窄变化、街巷交叉节点的形式特征等。因此，大到街巷的拓宽，小到侵占街巷内部的私搭乱建都会改变街巷、胡同的空间尺度特征。

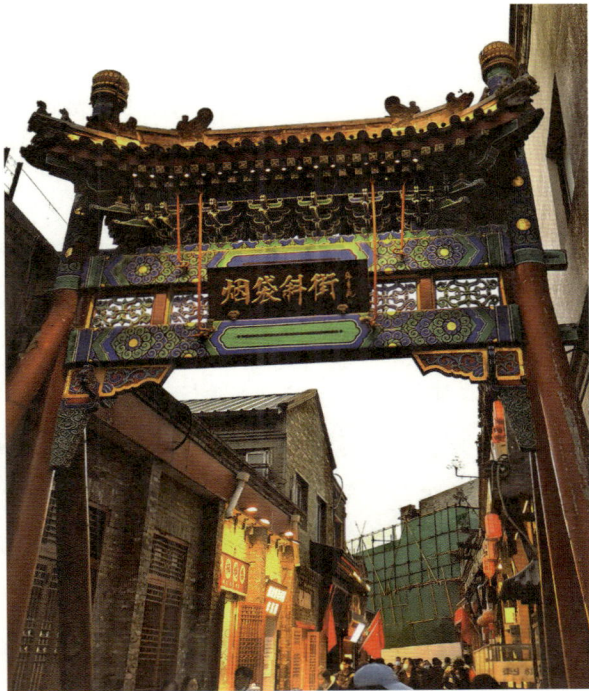

烟袋斜街

随着近年来城市的快速发展，特别是机动车的普及，使得老城区内的街巷胡同不堪重负。纵横交错的胡同空间，被随处停放的汽车所占据。造成这种情况的一个重要原因在于，历史上形成的街巷胡同尺度，原本就不是为机动车而设计。如果仅从交通出行的角度考虑胡同的功能，就会片面。因为胡同不仅是北京道路系统的组成部分，是构成历史街区的骨架，是重要的交通空间，还是人们日常依赖的生活环境，是居民们的交往空间，其本质是居住空间的组成部分，是四合院院落的延伸，是从公众场所到私有场所的过渡。

一直以来，有一种观点主张目前北京老城已经面目全非，没有整体保护的必要。认为经过几十年的改造，北京老城内大部分历史街区和传统建筑已经被毁，所残留的文化遗存也已破烂不堪，既然完整保护北京老城的时机已经丧失，不如只保留少数完好的文物古迹，其余全部实施改造。对此，吴良镛教授曾指出："说到底，问题的症结还是因为对50年代的问题未做认真总结。说'时机已经过去了'，其实时机并未过去，桑榆未晚，来者可追。"对于文化遗产保护而言，既没有多与少之分，也没有新与破之分，都应竭尽全力加以保护，国际上的共识是"永远不能认为太晚"。

就北京历史文化名城来说，经过数百年乃至上千年的历史文化积淀，在北京老城内仍然有大量文化遗存，其中不少还保持得相当完好。如北京老城至今仍然保持大面积平缓开阔的空间格局，仍然有大片的胡同、四合院映衬着宫殿庙宇，仍然在地上地下留有大量文化遗产。联合国教科文组织官员在考察北京历史文化名城后建议应加强对北京老城的保护，并且可以将皇城整体申报世界文化遗产。由此可见，北京老城虽然在过去的岁月中遭到一定破坏，但是绝不能放弃对其整体的保护，而应"亡羊补牢"，实施更加积极的保护措施。长期以来，北京城市发展呈单中心聚焦模式。仅占全市面积不足5%的老城，却集中了城市总量50%的交通和商业。北京老城内商业、金融、服务功能混杂，在有限的

雨儿胡同

空间内，城市功能的高度叠加，不仅导致人口的集聚压力，也造成城市中心区的交通拥堵不断加剧，环境质量每况愈下。同时高容量、高密度的城市建设，使土地过度开发的恶果日益显现，并由此引发违章建设频发、房屋租售市场混乱等一系列问题，影响了城市的科学运行效率。

由于在北京老城内添加了过多的功能，空间需求不断膨胀，有限用地不堪重负，各种城市功能在中心区的集聚过程进一步加速，引发"大城市病"等突出问题。同时，历史文化街区本身的自然衰败，导致区域内出现了老龄人口聚集、低收入群体聚集、低端业态聚集、临时性就业聚集等社会现象，涉及传统文化保护和居民生活状况改善等多方面问题。当务之急，除了疏解人口，同时应分解城市功能，否则北京老城就不可避免地进一步遭到破坏。由于城市功能过度聚集，造成老城整体保护的重重困难；由于大拆大建的改造方式，造成文化遗产和古都风貌的持续破坏；由于缺乏日常修缮和基础设施更新，造成广大民众生活质量的亟待改善。

盲目拓宽道路、建设高楼大厦，对城市肌理、道路格局和天际轮廓线造成持续破坏。20世纪90年代后大规模的城市开发建设所形成的大规模高层建筑，破坏了北京老城整体平缓开阔的天际线，影响了北京老城的整体风貌。历史性城市景观保护的提出，始于2005年维也纳世界遗产与当代建筑国际会议上通过的《维也纳备忘录》。我参加了这次国际会议，并在会上介绍了中国关于城市景观保护的探索与思考。历史性城市景观保护方法，即在承认城市动态发展性质的基础上，把所有的城市遗产保护对象、城市总体环境与现代建筑，整合在历史性的城市景观之中，并将城市遗产、地域文化和场所精神的保护与传承融于城市发展框架之中，进而将遗产保护作为历史城市发展的动力及文化创造性的源泉。

　　长期以来，兴建高层建筑成为国内诸多城市的追求。可是，高层建筑要满足日照要求，就必须加大建筑间距，形成"高而稀"的城市肌理，丧失紧凑的城市空间与步行环境，难以塑造宜人的街道与多样性的城市生活。为适应当时的社会发展需要，在北京老城曾采取过"见缝插楼"等一系列工程建设措施，在传统平房区内形成了插花式建设的楼房建筑。由于高速的城市化进程，一些工程项目缺乏对老城风貌形象的考虑和城市设计的引导，导致了城市美感的丧失。同时由于部分建筑在方案设计时缺乏形态秩序的控制，老城内存在较多与传统风貌不协调的"奇奇怪怪的建筑"，严重影响了老城的整体形象。

　　一段时间以来，一些城市还以大规模改造方式建设仿古街区，破坏了历史街区的真实性与完整性。2014年，中国城市规划设计研究院的调查显示，约有1/4的国家历史文化名城存在大面积"拆旧建新""拆真建假"行为，其中进行古城"整体复建"的城市多达10余座。以"拆旧建新"为代表的大规模集中式、运动式的改造，整体搬迁原住民、成片拆除传统建筑的情况在北京老城也发生过，严重破坏了老城长期积淀而成的生活网络、社会结构和特有的文化氛围，严重阻碍了北京传统文化的有效传承。

北京老城的规划建设，充分体现了中国的传统礼制思想，以及突出的政治、美学、科学价值，北京老城是不可分割的价值整体。如果说城市是一部史书，那么每一个历史时期都有属于城市的一页，这部书是历史的记忆。所以北京老城的历史文化金名片更应该是一张完整的名片。基于这样完整性的要求，北京老城的保护必须通过"应保尽保"来突出"整体"二字。老城整体保护不能仅是保护文物，而是要保护所有能够记录北京老城发展历程、延续中华优秀传统文化，以及引领中华民族实现文化复兴的所有有价值的要素，真正地做到保护和延续中华民族的"根"与"魂"。

1979年，吴良镛教授提出北京老城"整体保护"思想，强调保护的重点不仅在建筑物本身，而且要保护整体环境格局的完整性，保持原有棋盘式建筑网架与街道胡同体系，继承和发展四合院建筑等；同时指出，北京老城已过于拥挤，必须将其功能向外疏解。进而在菊儿胡同住宅改造工程中开展实践应用，这项工程在顺应城市肌理、控制建设强度、寻找新的合院体系方面取得了重要的成果。有人认为"整体保护已经不可能了"，实际上如果现在能按照专家提出的"微循环"改造的办法，认真做好，不再对北京老城大动干戈，依然不失为一种整体保护。

事实上，自明朝到清朝，整体观念和"一盘棋"思想始终贯彻在北京城的规划建设中。郑孝燮先生认为，中国人对待重要事情，往往习惯于从大处着眼、小处着手，讲究从整体出发，从全局考虑。北京老城是一个整体的、全局的概念和空间范围，不是个体的、局部的概念。目前对北京老城文化遗产的保护，既有《北京城市总体规划（2016 年—2035 年）》保障老城整体保护的政策引领和刚性约束，更有《北京历史文化名城保护规划》《北京皇城保护规划》等专项规划的标准约束。

中共中央、国务院关于《北京城市总体规划（2016 年—2035 年）》的批复中指出：加强老城"三山五园"整体保护，老城不能再拆，通过腾退、恢复性修建，做到应保尽保。整体保护意识是北京老城一切工作的基础，通过历史格局的保护、恢复和展示，强化整体空间结构特征。重点保护与风貌协调相结合，传统风貌保护与文化继承相结合。以保护为前提，调整优化老城功能，强化政治和文化职能，积极发展文化事业和文化、旅游产业，增强发展活力，促进文化复兴，推动北京老城的可持续发展。

《北京城市总体规划（2016 年—2035 年）》提出"加强老城整体保护"的目标，要求"推动老城整体保护与复兴，建设承载中华优秀传统文化的代表地区"。实现北京老城整体保护，一要逐步降低建设密度。根据规划，2035 年老城内建筑规模由现状7721 万平方米下降到 6500 万平方米左右，2050 年保持建筑规模不再增长。二要合理降低人口密度。根据规划，2035 年常住人口密度由现状每平方千米 2.1 万人下降到每平方千米 1.5 万人左右，老城人口下降到 96 万人左右，2050 年基本保持这一水平不变。其中，根据规划，传统平房区常住人口由现状约 57 万人下降到35 万人左右。三要逐步改善传统平房区居住条件。传统平房区人均居住建筑面积由现状的 12 平方米左右增长至 20 平方米左右。

具体来说:

第一,在逐步降低建设密度方面,老城的房屋建设密度相对较高,建设强度为中心城区其他行政区的 2 ～ 3 倍。在北京老城,目前住宅建筑规模以楼房住宅为主,建筑面积占住宅总面积的 83%,承载了老城内约 58% 的居住人口,人均建筑面积在 39 平方米左右。平房住宅由于历史原因,以大杂院的居住情景为主,虽然建筑规模占比相对较小,但是房屋数量及承载的居住人口较多,承载了老城约 42% 的居住人口,人均建筑面积仅 11 ～ 12 平方米,且房屋质量也存在较多问题,综合居住条件较差。同时,平房院落的产权情况也相对复杂,居住类平房建筑中直管公房占比较高,约占总量的 30%,私产房屋约占 18%,其余房屋以单位自管公房为主。复杂的产权关系和管理主体对平房院落的修缮、维护、使用均带来很大困难。

在公共建筑方面,从建筑性质来看,目前老城内公共服务建筑仅占总建筑规模的 9%,以教育科研和医疗卫生类建筑为主,文化设施占比相对较低,仅占公共服务建筑的 4%。从老城内房屋建筑的建成年代来看,自 1949 年起,老城的建设规模持续增长,到近十几年依旧保持较高的增长速度。

从建成的结果来看,目前建成于 20 世纪 50 年代左右的房屋建筑占 15% 左右,包含文物建筑及其他具备历史建筑划定条件的建筑须重点加以保护。近 60% 的现存建筑是在 20 世纪 90 年代的大规模房地产开发后建成的,文化设施等公共服务设施的建设量相对较少。在当前背景下加强老城整体保护工作,倡导减量提质发展,是发展理念的根本转变。

第二,在合理降低人口密度方面,实现北京老城发展的良性循环，为生活在这里的居民提供宜居的生存空间、促进古都风貌与文化遗产资源的保护，疏散一定比例的居住人口势在必行。1949年后，北京人口急速膨胀，1956年比1949年人口增加了约3倍。此后，北京老城内常住人口的数量经历了先增后降的过程。2001年北京老城人口达到175万人，之后开始逐渐减少，稳定在135万人左右。近年来，北京老城的人口基本稳定，但是常住户籍人口与常住外来人口数量变化较大。

目前，老城整体居住人口密度在北京市域内处于较高水平。北京老城的常住户籍人口达101万人，常住外来人口达35万人。老城内常住人口占全市常住人口的7%左右。其中以传统平房院落为主的区域约有26.3平方千米，占老城总面积的42%，现常住人口约有58.6万人，占老城总人口的44%，人口密度约为每平方千米2.2万人，与老城整体水平基本一致，但是远远超过中心城区每平方千米1.2万人的平均水平，也高于国际都市纽约、伦敦、巴黎、东京等的核心地区的常住人口密度。例如，南锣鼓巷保护区的居住密度为470人／公顷（1公顷=10000平方米），鲜鱼口保护区为732人／公顷，西四北和白塔寺地区为316.7人／公顷，均大大高于高密度建设的纽约曼哈顿区的262人／公顷，更远远高于伦敦内城区的86人／公顷。此外老城整体的职住人口比约为1：1，就业人口中约有一半居住在老城外，通勤交通量也相对较高。

第三，在逐步改善传统平房区居住条件方面，目前北京市传统平房区内住房总建筑面积约为854万平方米，平房人均面积约为12.2平方米，楼房人均面积约为28.9平方米，平房人均居住面积远低于全市城镇居民平均住房建筑面积，与全市人均住房35

平方米、保障性住房人均 20 平方米的规划标准均有较大差距，居住条件未达到基础生活保障要求。

这些房屋普遍缺乏修缮和维护，60% 以上房屋质量较差，居住环境的安全性和舒适性难以保障。以东四历史文化街区为例，街区内质量差的建筑占比 10% 左右，质量较差的占比 62% 左右，质量较好的仅占比 28% 左右。此外，平房区内市政基础设施条件非常简陋，卫生设施以公共卫生间为主，60% 以上无院厕，基本没有户厕，绝大多数胡同采取雨污合流制，夏天雨水箅子返味现象明显，卫生环境条件较差。

老城内平房区由于空间形态的特殊性和历史发展等原因，长期以来没有进行系统性的设施改善和环境品质提升，导致目前平房区的人居条件普遍较差，在基础设施、卫生环境等方面均无法实现基础保障，民生领域的历史欠账巨多。由于总体规划中疏解老城人口策略的实施成效总体缓慢，相对于人口的不断膨胀，北京老城的居住用地和人均住房面积则逐年减少，仍然有大量人口生活在居住条件难以根本改善的大杂院中。

北京老城整体保护规划，针对保护面临的遗产保护、功能完善、民生改善、形象重塑、管理精细化五大问题，重点从五个方面开展进一步规划研究。一是建立与老城价值相匹配的世界文化遗产级的深刻文化认知与全面扎实的保护体系。二是充分利用好核心区功能向"两翼"疏解的历史机遇，为老城整体保护与提升创造条件。三是在疏解背景下优先补齐民生短板，用不断改善的宜居环境增强广大民众的获得感。四是重拾老城特有的城市美学与韵律，塑造彰显文化自信与时代精神的古都城市形象。五是将新时代中国日新月异的科学技术和治国理政的科学理念融入城市管理，营造有智慧、有温度的北京老城。

《北京城市总体规划（2016 年—2035 年）》围绕"建设一个什么样的首都，怎样建设首都"这一重大课题，谋划首都未来的可持续发展。随着北京城市建设用地持续向外扩展，历史城区在北京城市建设用地中所占比例越来越小，并且历史城区内的居住人口也在持续减少，从用地规模和人口规模来看，北京历史城区已经具备了作为"特区"进行统一管理的基础和条件。

为此，在 2010 年全国政协十一届三次会议上，我提交了《关于加强北京历史城区整体保护的提案》。建议调整北京历史城区内的现有行政区划，以二环路为界，将当时分属东城、西城、宣武、崇文四个行政区的历史城区内的用地加以整合，形成统一的中央行政区。中央行政区应该具有独特的功能。

首先，中央行政区是中国政治中心的核心地段，要为党中央、国务院在京领导全国工作和开展国际交往提供良好的环境；其次，中央行政区是中国文化中心的核心地段，要为来自全国各地的广大民众享受高雅文化、增长科学知识提供良好的环境；再次，中央行政区是世界著名古都的核心地段，要为国内外来宾领略博大精深的中国传统文化，感受雄伟壮丽的城市文化景观提供良好的环境；最后，中央行政区作为历史城区，还是居民的生活家园，要为广大民众生活、工作和学习提供良好的环境。

推进：北京中轴线申遗之路

2011 年 6 月，北京市开始启动中轴线申遗文物保护工程，首次提出"应特别保护和规划好首都文化血脉的中轴线，并力争为其申报世界文化遗产"，明确保护北京中轴线需要"三个恢复"：恢复中轴线文物建筑的完整性，恢复中轴线的历史景观空间，恢复中轴线的历史环境，并将中轴线申报世界文化遗产正式列入《北京市"十二五"时期文物博物馆事业发展规划》。经过一年半的筹划与准备，2012年11月，国家文物局正式将北京中轴线列入《中国世界文化遗产预备名单》，标志着北京中轴线作为世界文化遗产的独特价值得到肯定，也"让古老中轴线焕发新光彩成为一道必答题"。至此，申报世界遗产的各项工作开始步入轨道。

北京市组织编制了《北京中轴线申报世界遗产名录文本》《北京中轴线保护管理规划》，完成了《北京中轴线申遗综合整治规划实施计划》。之后，又编制了《北京中轴线风貌管控城市设计导则》，分为缓冲区整体、重点地区、中轴沿线道路、中轴重要节点4个层次，分别提出了针对中轴线周边较大范围内整体城市环境管控的通则、针对中轴线遗产点周边重点风貌管控的导则、针对中轴线沿线街道风貌管控的城市设计引导，以及中轴线上重要历史节点的城市设计与文化展示的城市设计方案。

在作为世界文化遗产预备项目的契机下，社会各界对北京中轴线遗产保护的重视提升到新的高度。2018年10月，北京中轴线申遗保护国际学术研讨会成功举办。国际知名遗产专家、国内遗产地代表及国内文物、规划、遗产保护专家共同探讨北京中轴线的价值内涵和遗产类型，听取专家建议，广泛开展中轴线遗产比较研究，重点发掘中轴线南段考古遗迹，丰富文物展示内容。

在全民文化遗产保护意识大幅度提升的情势下，北京重提保护中轴线，并积极申报世界文化遗产，对中轴线文化遗产和环境进行保护，推动道路景观塑造、历史水系恢复、天际轮廓控制、街区风貌提升等工作，正逢其时。我们对于北京中轴线申报世界文化遗产充满信心，一方面，申报过程可以实现文化资源的深入挖掘和历史建筑的维修保护，带动周边历史街区保护和环境整治与更新，促进北京老城整体格局的维护。另一方面，比申报结果更重要的是，通过中轴线申报世界文化遗产，我们能够满怀自豪地向世界展示这独一无二的伟大的城市建筑杰作，使北京中轴线得到可持续的保护。

北京中轴线的遗产区和缓冲区是北京老城的精华集中区，包括故宫、天坛和京杭大运河 3 项世界文化遗产；456 处不可移动文物，其中国家级文物保护单位 72 处、市级文物保护单位 98 处、区级文物保护单位 86 处、尚未核定公布为文物保护单位的不可移动文物 200 处；另有优秀近现代建筑 18 处、历史文化街区约 33 片。遗产区面积达 5.6 平方千米，缓冲区面积达 45.3 平方千米；遗产区与缓冲区总面积达到 50.9 平方千米，覆盖北京老城面积的 65.4%。

北京中轴线是一座文化遗产宝库，因此中轴线遗产保护和申报世界遗产必然是复杂的系统实践过程。内容包括以世界文化遗产标准推动北京中轴线遗产区域保护、整治和综合提升，加强核心遗产点的腾退整治工作，加强中轴线界面控制区街道整治和建筑界面修补，加强外围风貌缓冲区整体空间格局、城市风貌的管控，加强对中轴线遗产区域各项新建、改建建筑的设计引导，加强对沿线历史文化街区保护更新的指导和公共空间整体塑造。

在中轴线申遗的漫漫长路上，文化遗产保护勇士吕舟留下了坚实且深刻的足迹。自投身申遗工作起，他便开启了一场深入历史文化宝藏的艰辛探寻。从永定门一路向北至钟鼓楼，细致入微地丈量着每一寸土地，精准剖析每一座古建筑的独特价值，让中轴线在岁月的迷雾中逐渐展露其清晰而迷人的轮廓。他带领着团队积极借鉴国外成功申遗案例的保护与管理经验，结合北京中轴线的实际情况，构建起一套涵盖文物保护、环境整治、旅游管理等多方面的科学体系，使中轴线在世界文化遗产的竞争舞台上更具底气与实力。吕舟，以他的专业素养、坚定信念和广阔视野，在文化遗产保护的伟大征程中不断书写着壮丽篇章。他的故事，激励着更多的人投身于文化遗产保护事业，让古老的文化遗产在现代社会中绽放出永恒的魅力，成为连接过去、现在与未来的不朽桥梁。

北京中轴线文化遗产和文化景观的保护，经历了很长的过程。在这一过程中，我也有幸参加了一些工作。1995 年，我在北京市文物局工作期间，参加组织故宫筒子河的环境整治，当时数百户居民和一些单位挤在故宫城墙和筒子河之间，直接向筒子河排放污水，大量垃圾堆在水面上，当时我们喊出"把一个壮美的紫禁城完整地交给 21 世纪"，经过全市上下齐心合力，终于在 21 世纪到来之前，筒子河变得碧波荡漾了。

20 世纪 80 年代，我参加北京城市规划工作，从事北京历史城区的规划管理。当时在中轴线东西两侧出现了一些与中轴线景观不协调的公共建筑以及住宅，致使塑造古都壮美秩序的中轴线的意义与功能被淡化。

世纪之交，北京市不断加强中轴线的保护，北京市进行城市规划建设时，针对中轴线划定了 25 片历史文物保护区，采用集团式布局、圈层式发展的策略，将大体量的建筑移到了外城，在中轴线两侧划分出厚厚的建筑控制地带，作为世界遗产的缓冲区。保护区设定后，没有大体量建筑物在区域内建造，极大地保护了中轴线景观视廊。

21世纪初，我在北京市规划委员会（今北京市规划和自然资源委员会）工作期间，当时最担心的一件事，就是大体量建筑、大规模建筑群建设会影响中轴线，因为北京在积极筹办奥运会，一年的建设量比欧洲各国的建设总量还多。在城市规划方面，北京市采取了两项措施：第一个举措是把可能产生大体量建筑、大规模建筑群的项目，尽可能移到远离中轴线的区域。例如在西四环规划了中关村西区，在北四环外规划了奥林匹克公园，在东四环附近规划了商务中心区。第二个举措是在中轴线两侧规划了很大面积的建设控制地带，规划了25片历史文化保护区，后来增加到33片，就是保护以北京胡同、四合院和历史建筑为主的区域。我想，正是因为有了这道绿色的屏障，北京中轴线申遗才成为可能。

在申报世界遗产的过程中，北京市付出了极大的努力，得到社会各界的大力支持，克服了很多困难。应该说，北京中轴线申遗是一个艰辛的过程。一方面，中轴线覆盖城市区域面积大，区域内有着众多单位和居民，必须妥善处理好文化遗产保护、城市建设发展和市民改善生活的关系。另一方面，通过申遗解决了很多过去城市建设中留下的遗憾问题。早期在中轴线上有几个城市规划的败笔，例如地安门商场的建设高度，长期影响鼓楼的景观；积水潭医院的大楼遮挡了"银锭观山"的景观，这些都在中轴线申遗过程中得到了纠正。还有天坛医院的整体搬迁、先农坛的文物保护解决了历史性难题；国家话剧院高层住宅楼、市红十字血液中心多层住宅楼、北海医院、东天意市场等一批影响景观的高大建筑均实施了降层改造。在疏解、修缮、环境整治中，北京中轴线的历史格局、历史风貌得到逐步复原和生动再现，中轴线的人居环境和城市风貌不断改善，广大民众的幸福感和获得感也在不断提升。同时，北京中轴线申遗保护促进了市民的文化认同，形成巨大的社会凝聚力，推动了历史文化名城的整体保护。

其实，每次申报世界遗产都是一个纠正过去的遗憾和给未来发展留下更充足的发展空间的过程。这在广东开平碉楼、福建土楼、山西五台山、杭州西湖文化景观等申遗的过程中都有体现，例如山西五台山因为申遗，还原了"深山藏古刹"的意境；杭州西湖因为申遗，保住了"三面云山一面城"的特色。随着文化遗产保护实践的深入，文化遗产保护的格局和理念日益提升，从"文物保护"进一步走向"文化遗产保护"。这两者的区别在于我们认识更深刻，保护的范围更加广阔。

中轴线申遗过程中就曾有人质疑，天安门广场是近现代形成的文化区域，为什么也能在申报的范围内？事实上，北京中轴线是活态的文化遗产，有元明清时代的，也有近代的、现代的，而不会凝固于某一个时代。天安门是中国的象征之一，被设计入国徽，天安门广场上的现代建筑——人民英雄纪念碑、毛主席纪念堂就居于中轴线之上，人民大会堂、中国国家博物馆隔广场相望。这些建筑都在持续强化着北京中轴线，反映北京中轴线所体现的精神和思想在不断延续。

古今衔接

续写北京老城故事

  几十年来，北京老城未能从整体上得到妥善保护，其传统风貌已经受到了较大影响。北京中轴线在城市建设中也受到了一些伤害，例如，为了治理交通拥堵，中轴线上的一些重要建筑遭到破坏，特别是一些节点景观被拆除。1951 年永定门瓮城被拆除，1954 年地安门被拆除，1957 年永定门箭楼被拆除，随后永定门城楼也被拆除，留下了永久的遗憾。同时，在中轴线东西两侧出现了一些与中轴线景观不协调的公共建筑及住宅，致使塑造古都壮美秩序的中轴线的意义与功能被淡化，使中轴线一度在概念上变得模糊，甚至在一段时期逐渐被人们所遗忘。

  近年来，通过对北京中轴线进行详细考察可知，至清代末年，在中轴线上由南向北共有城楼、城门、宫殿、桥梁、亭、牌坊、鼓楼、钟楼等 41 处建筑。至今完整保存的有 36 处，为总数的 87.8%。在完整保存的 36 处建筑中，有 3 处为重建建筑。总体来说，北京中轴线上的古建筑保存得比较完整。如明清两代北京城内外双环的城墙与城门，被中轴线贯穿始终。虽然大部分城墙与城门早已湮没在城市变迁的历史中，但是中轴线上紫禁城的正门——午门、皇城的正门——天安门、北京城内城的正门——正阳门却留存至今，如今北京城外城的正门——永定门经过复建，恢复了历史景观风貌，弥补了这一完整系列的缺憾。如今，中轴线不断被赋予新的内涵与使命，它既是一条历史之轴、文化之轴，又是一条发展之轴、未来之轴。

古建筑赋予新使命：规划与复建

北京中轴线上有 16 座桥梁。其中，正阳桥位于正阳门外护城河上，三拱石砌，桥身分为三路，栏杆隔开，中间为皇帝专用，两侧供平民车马行走。1919 年大修后桥拱改为钢筋混凝土结构，1955 年正阳桥被拆除，2008 年在原址按原状重建。天桥是清乾隆五十六年（1791）整治天坛、先农坛墙外环境，疏浚排水沟渠后建造的单拱石桥。清光绪三十二年（1906），天桥改建成矮石桥。1929 年，因有轨电车行驶不便，天桥的桥身遂被修平，但是两旁仍有石栏杆。1934 年，为拓宽正阳门至永定门的马路，天桥两旁的石栏杆也被全部拆除，于是天桥不复存在。重新复建的天桥建成于 2013 年 12 月，桥的位置在前门大街与天桥南大街交会处。

地安门的雁翅楼，始建于明永乐十八年（1420），是北京中轴线上的一处著名地标，坐落于地安门十字路口南面的东西两侧，

地安门的中国书店

与什刹海仅一街之隔。历史上，雁翅楼与地安门一起构成北京皇城最北端的屏障。雁翅楼是地安门的戍卫建筑，为黄琉璃瓦覆顶、东西对称的两栋二层砖混建筑，远观好似大雁张开的一对翅膀，因此得名。20世纪50年代，雁翅楼因地安门地区的道路建设而被拆除。2013年6月，雁翅楼景观复建工程开工，2014年竣工。复建后的雁翅楼因现有条件限制，仅在原有遗址上复建了东侧4间及西侧10间建筑，但是古韵犹存。2015年7月，雁翅楼挂起"中国书店"牌匾，迎接来自各地的读书人。

雁翅楼的重建，再次引发人们对于地安门重建问题的讨论。明代皇城北门是北安门，清代改称地安门，位于皇城北墙正中，南对景山，北对钟鼓楼。历史上地安门为面阔7间、单檐歇山顶的单层建筑，与昔日皇城的东安门、西安门两门相仿。1954年12月，地安门同样因为道路建设而被拆除。地安门是北京老城的重要地标性建筑，既是明清皇城的北门，也是北京中轴线北段的标志性节点。地安门建筑体量不大，原址在今日平安大街与地安门大街的交叉口处，与已经重建的地安门雁翅楼可以形成整体景观。

地安门的缺失，既影响了北京老城四重城郭格局的完整性，也影响了北京中轴线的完整性。因此我认为，为了重现中轴线壮美秩序，在条件允许的情况下，不排除在原址恢复地安门的可能性。目前，由于交通的压力给地安门的恢复带来了一定的困难，我认为可以首先启动重建地安门的论证，倾听社会各界的意见。从保护文化景观的角度出发，原址复建是好的选择。实际上，随着科学技术的进步，交通模式有多种选择，只要采取适宜的交通分流疏导措施，统筹谋划，科学规划，就能够找到妥善解决的方案，破解地安门重建的难题，实现双赢。

　　在清代，以天桥为界，天桥的南面是禁区，在那里只有楼房10间，分列东西，系属官产，此地不许民间搭盖房舍；天桥的北面虽然可以开设店铺，但是都为小酒馆、饺子铺之类。由于这个原因，当时天桥一带还多为空旷的地方。清光绪末年（1908），天桥一带开始发生变化，逐步形成了以娱乐、百货为中心的平民市场。其中永安路以南、永定门内大街以西、北纬路以北的三角地是天桥最热闹的地方，摊商、杂技、说唱者汇聚，每日游客超过万人。1929年改造龙须沟，在外坛一带规划道路，兴建房屋，天桥地区日益兴盛，先后出现了水心亭商场、公平市场、先农市场、城南商场、惠元商场及城南游乐园。

　　1956年，天桥市场撤销。2000年10月13日，天桥启动"危旧房改造"工程，将永安路以南、北纬路以北、永定门内大街以

复建后的天桥历史景观

西、东经路以东的胡同拆除，建设了天坛北里小区；同时拆除北纬路以南、南纬路以北、永定门内大街以西、福长街以东的胡同，建设了天桥南里小区，原来的公平西胡同拆除后改建为市民广场。2014年6月，历时一年建设，作为北京天桥历史文化景观中的"天桥"正式向民众开放。新建天桥历史文化景观保护的试点项目，位于明清时期北京形成的7.8千米的中轴线上。在天桥原址的南侧，包含了一座汉白玉单孔高拱桥和东西两座卧碑等天桥的标志，同时也恢复了"南有天桥、北有地桥"的传统说法。

前门大街南段最初形成于明嘉靖年间。由于南侧天桥周围聚集的人流、货流逐渐集聚北延，在这段道路两侧形成了市民日常生活气息浓厚、民俗艺术与商业并存的地区，有聚集而来的民间商贩自发市场，也有宣武门地区蔓延而来的士人会馆。此后，道路的传统格局一直在数百年间无太大变化，只是在民国时期道路中央增加了铛铛车轨道通行功能。直到中华人民共和国成立初期，这里一直延续着商铺、商会、寺庙、会馆等城市公共活动功能，这段道路北段宽度与前门大街北段基本一致。

2008年，前门大街南段道路两侧沿街建筑进行整治工程，清理范围为东西两侧平行的第一条南北向胡同之间，清理出的空间设置了沿街景观绿化带，道路宽度扩展为70～110米。但是，中央绿化带两侧景观缺乏对称性，中央御道步行空间与车辆交通空间较近，缺乏绿化空间缓冲，与天桥南大街29米的中央绿化带差异较大，轴线步行体验舒适性较弱。目前，这段中轴线御路已经按传统规格、传统材料进行了铺装。下一步如何强化中轴线对称的秩序感，如何实现景观视廊和市民需求之间的平衡，成为当前需要思考和解决的问题。

南中轴御道是在明清两朝从永定门到正阳门的中央御道，是皇帝驾临天坛祭天或到先农坛扶犁的必经之路。清雍正七年（1729），为了皇帝去天坛和先农坛出行方便，专门修了这条石砌御道。过去我多次来过这里，但是现今再从永定门向北看中轴线，感觉已有很大变化。脚下的这段条石路面，是当年复建南中轴御道时特意保存下来的。御道上的石材用料、铺设方式和道路尺度都按老规矩实施。

2003 年实施的南中轴路工程，是建设和完善南城交通体系、亮出首都南大门、改变南城整体形象的重大举措。这项工程北起南纬路，南至永定门立交桥，东起天坛公园西外坛墙，西至永定门内大街、天桥南大街现状路，全长 1000 米。过去这一地区道路两旁布满了简陋的商业门店，门店后面则是低矮、狭小的平房，成为典型的都市里的村庄。现在，沿着御道一路向北，左右对称的天坛和先农坛两坛之间的杂乱房屋已经拆除，拆除御道两侧房屋的时候，还露出了两座寺庙建筑，如今也保留在了原地。

2022 年，随着北京中轴线绿色空间景观提升（东城段）工程正式亮相，南中轴御道全线贯通，形成了南中轴线正阳门与永定门之间通透的绿色视廊，为市民提供了一处领略古都风貌、感受中轴线风景的好去处。

另外，故宫也有复建项目，如故宫筒子河围房，位于故宫城墙与筒子河之间的狭长地带。明代这里曾设有守卫的值房，清代随着守卫制度的完善，沿筒子河内侧与城墙间三面加盖了 732 间守卫围房。20 世纪 30 年代，这些围房因年久失修，多数坍塌。1950 年，故宫博物院对遗留残坏的围房进行了修缮，对坍塌的驳岸也进行了修整。1999 年，故宫筒子河整治过程中再次对围房进行维修保护。至此，故宫神武门东、西两侧各有 19 间围房，东华门和西华门北侧各有 40 间围房。近些年，这些围房用于缓解故宫的空间压力。

冬日里的故宫筒子河一角

近年来，故宫博物院的空间安全压力逐年增加，故宫博物院员工编制为 1400 多人，同时还有武警、消防、安保、物业、服务、施工等单位数千名人员，"车满为患"成为日益严重的现象。一方面是故宫博物院员工车辆；另一方面还有相关部门和单位长年来往办事车辆；此外，还有每天临时来故宫博物院办事停放的流动车辆。除 3 个固定停车场，即东华门内停车场、西华门内停车场、车队停车场外，还有相当数量的车辆停放于本部门的办公地点附近。

首先，在故宫博物院内停放的车辆数量大，相对集中，安全隐患突出。如果以每天停放1000辆车、每辆车携带30升汽油计算，合计就有30000升汽油。如此巨大数量的易燃易爆物放置在故宫博物院内十分危险，一旦车辆自燃引起爆炸，将造成难以想象的后果，潜在威胁巨大，必须引起高度重视。同时，车辆停放在故宫博物院内，与古建筑群整体反差较大，严重影响故宫博物院的整体环境和文化景观。特别是每天早晚大量车辆进出故宫神武门、东华门、西华门门洞，在故宫博物院内穿行，既不利于院内秩序的维护管理，又存在较大的交通安全隐患，对文物建筑和环境也构成了一定威胁。

其次，随着故宫博物院事业的不断发展，新员工的不断进入，现有办公用房不能满足工作需要，导致办公条件较差，人员过度拥挤，严重影响工作效率，也存在较大安全隐患。由于行政办公都在故宫博物院内，因联系工作等方面需要，每天到院内办事的外来人员越来越多，对这些外来人员的具体情况缺乏了解，无形中增加了安全管理压力，加大了安全隐患。同时，一些部门在故宫红墙内的古建筑群内办公。伴随临时搭建彩钢房拆除，红墙以内工作部门撤至红墙以外计划的实施，办公用房变得更加紧张，但是必须咬紧牙关强力推动，否则"平安故宫"的目标难以实现。为了保障故宫博物院古建筑、文物藏品和观众安全，必须采取切实有效的措施对人员和车辆加以疏散。

2018年，故宫博物院再次启动了筒子河围房复建工程，恢复故宫筒子河与故宫城墙之间的围房，从空间组织关系上理顺保护展示与办公管理之间的关系，不但可以再现当年紫禁城的完整景观，还可以将故宫博物院的行政管理人员和机动车全部搬出故宫，安排在这些围房内。这样，既能减少故宫已经不堪重负的压力，明显改善故宫的安全状况，又能减少非开放区域外来流动人员的出入，有利于故宫的整体安全管理，还能腾退因办公占用的部分古建筑，便于及时进行修缮保护和对观众开放，使社会公众增加对故宫文化的了解。

实际上，北京中轴线上的天安门城楼也早已不是古代建筑，它历经战乱和"文化大革命"，重新修建时未完全忠实于原状，整体高度增加了半米以上，但是天安门依旧以其特定的历史风貌，始终发挥着不可替代的现实作用。

"爱北京城，捐城墙砖"

元大都城墙遗址是北京最古老的建都遗迹之一，早在1957年就被列为北京市文物保护单位。元大都城墙运用夯土版筑工艺建造而成，因此俗称"土城"。高低起伏的土城笔直连绵。元大都城墙遗址，现存北城墙及西城墙北段，也已被辟为元大都城墙遗址公园。2003年10月向公众全线开放的元大都城墙遗址公园，是以元大都城墙遗址为基础，横贯海淀区和朝阳区的带状公园，全长9千米，面积110万平方米，也是北京市第一个减震防灾、应急避难的城市公园。

20世纪80年代，因市区扩建，西便门地区从昔日的一隅之地变成了交通枢纽，在这一地区修建了一座大型立交桥。而残存的明代城墙命运走向牵动着文物保护专家和社会公众的心。在广泛听取专家和民众意见后，北京市政府决定"今昔兼顾，新旧并举"。重修明城墙（西便门段）墙体高11.6米，基宽19.93米，面部宽15.96米，全长210米。维修工程浩大，仅从所用的新制城砖数量达13万块就可见一斑。城墙上南端原有的角楼已经难以恢复，就在城墙相接之处重建了一座城楼，为方便登临，又在城墙东侧加筑了台阶。1988 年 7 月，工程竣工。

中国城墙与欧洲的古堡城墙，由于地域、民族、思想观念的不同，在城墙建筑上呈现出较大差异。在城墙建筑材料方面，欧洲城墙多用岩石构筑，中国明清城墙则采用外砖内土的结构或主要采用人工制砖材料，局部也会采用条石砌筑。在城墙平面形状方面，欧洲城墙依据地形地貌而建，几乎都是曲折不规则的形制。中国南方的城墙因自然山水之势而建，蜿蜒曲折；北方的城墙大多建在平原地区，建造平面规整的城墙形制。在筑城思想方面，欧洲城墙规模较小，城市与城市之间的城墙也无规格差异。中国明清城墙规模庞大、行政级差和礼仪规制指导下的规格差异较大。

在中国古代，城墙是城市规模的界定物，也是城市平面格局的规范者，是保护城市内部政治机构、城市居民等的安全防御体系，还是城区与乡野的明确分界线。城墙上的城门发挥着城区由道路轴线所构成的城市空间布局的控制和引导作用。城墙是一个大容器，它包含了城市的空间、价值甚至所有的城市文明内涵。城墙虽然是一种线性构筑物，但是由于城墙在古代中国代表着一种都市文明和国家起源，它的设计与构筑包含着十分丰富的思想与工程成就。中国城墙的选址、形态、城门、城楼、垛口、角楼等各种物质形态经过千百年的发展、传承和演进，到明清时代臻于高度成熟，集中体现了古代大型永久性工程营造工艺与城墙建设思想成就。明清城墙作为一个时代最为重要的城防建筑物，随着帝制的结束，大规模的城墙工程也终止了它生命的历程。

北京的明代城墙自明永乐十七年（1419）修建，距今已有600 多年的历史，是明清北京城的重要象征。随着时代的变迁，如今明城墙遗址主要集中在两处，一处在西便门，遗存城墙比较短；另一处在东便门，遗存城墙比较长，这段城墙是北京现存最完整的一段明城墙。城墙历经多年的风吹雨打，留下了历史的痕迹。

1996 年 12 月，明城墙遗址公园建设前夕的场景，至今仍深深印刻在我的记忆中。当时，北京市文物局为挽救东便门明城墙遗址，在全市发起"爱北京城、捐城墙砖"活动，得到了市民的积极响应与热情支持。

这些曾被"废物利用"的城墙砖，在活动倡议下，被市民重新认识到其文物价值。它们散落在城内各处平房住户院内，用途多样，找寻与回收难度较大。尽管如此，市民的文物保护意识被充分激发，捐

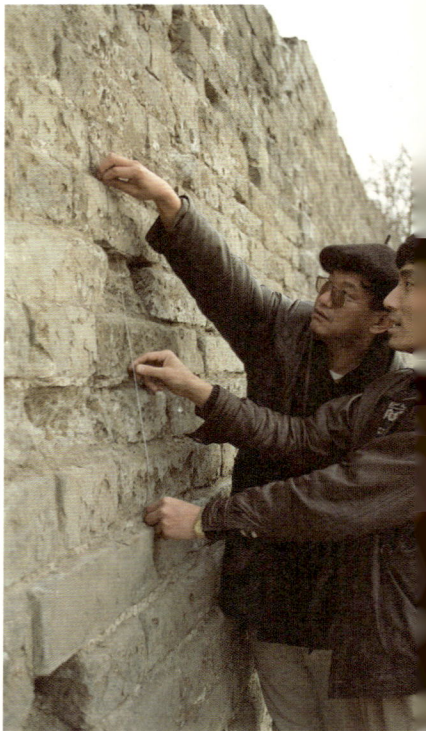

北京市文物古建工程公司董事长李（左一）和副经理徐雄鹰在将要修的明城墙现场调查，研究施工方案

献热线电话一度应接不暇。许多市民积极行动，有的拆除自家由城墙砖构建的小厨房、储藏间以捐献城墙砖；有的不辞辛劳，每日骑着自行车穿梭于大街小巷，只为寻得一两块城墙砖送往修缮工地。从白发苍苍的老专家到天真无邪的学童，各界民众纷纷踊跃参与，形成了北京城中一道充满爱心与责任感的独特风景线。其中，有一家祖孙三代接力运砖，还有市民从通州长途骑行送来

城墙砖，更有众多志愿者在寒冬中踏雪前往修复工地清理城墙砖。多年来，热心的市民魏锦山先生持续为城墙遗址捐献城砖，他所捐的近 500 块城砖都是在城内各处辛苦搜集而来，对城砖的特性也颇为熟悉。

回顾城墙砖的历史，在城墙拆除时期，它们散落于北京各区，被用于修建防空洞、民房乃至厕所等。尤其在"危旧房改造"浪潮中，大量城墙砖被当作建筑垃圾丢弃，令人扼腕叹息。在参与捐献的市民里，有不少经历过城墙拆除的 60 岁左右的老人，他们深知城墙承载的厚重历史与文化价值。

"爱北京、捐城砖"修复北京古城墙活动
得到首都各界群众的积极响应

彼时，明城墙遗址区域因单位和住户众多，面临诸多严峻问题。环境方面，脏乱差现象极为突出，垃圾堆积、污水横流，市政基础设施严重滞后，水电管线无法铺设，严重影响居民生活质量并威胁城墙遗址安全。城墙本体更是遭受严重破坏，多处墙体残缺不全，仅余断壁残垣，不少居民甚至将城墙凿洞作为自家房屋墙壁，导致城砖大量缺失，部分地段夯土层外露，剩余砖体也饱受侵蚀风化。在崇文门三角地附近城墙遗存相对较多之处，竟有人在夯土层上开辟田地种菜，可见当时城墙遗址的保护状况堪忧。

明城墙遗址由本体和背景环境两部分构成，其规模宏大、历史遗存丰富，但也存在本体结构脆弱、观赏价值有限等缺陷。因其自身特性，该遗址遭受的人为与自然破坏远甚于其他类型遗址，且破坏因素难以有效控制，局部修复亦难以取得理想效果。在当今社会、经济与文化持续发展变化的背景下，要妥善处理城墙遗址保护相关问题，必须综合考量整体环境因素。在保护整治策略上，应优先对占据遗址的地面建筑物和构筑物进行一次性全面拆迁，妥善安置遗址内居民与单位，确保整治与保护工作同步推进、全面覆盖，杜绝遗留问题与隐患，防止保护成果出现反弹。通过系统科学的保护整治措施，力求彻底解决长期困扰古代城市遗址保护工作中的资金投入分散、重复低效等问题，实现文物保护、环境优化与居民生活改善三者有机统一，达成"三个效益"的协调共赢，使明城墙遗址在新时代焕发出新的生机与活力，成为传承城市历史文化的重要载体与象征。

争论不休，保护不止

对于历史建筑遗产重建是否合理的讨论，事实上关系到文化遗产为什么需要保护的根本问题。建筑遗产保护是为了历史物证的可持续存在，也是为了传统文化的世代传承。建筑遗产不仅是冰冷的历史物证，还应该是人们情感的寄托和精神的家园。我们应该尊重起源于西方保护思想与实践的国际文化遗产保护领域，逐渐形成以最小干预原则为基础的现代科学保护理念。同时，也应该尊重具有悠久传统的中国历史建筑保护理念和实践，特别是中国传统木结构建筑的维修保护体系，建立具有中国特色的文化遗产保护之路。

历史建筑并非凝固的遗产标本，它不仅是人们认识过去岁月的物质史料，也应该成为人们理解未来的知识载体。对于曾经消失的建筑遗产经过重建后再现，进行展示与诠释，可以向社会公众传播建筑遗产的价值，可以使人们与曾经消失的文化传统重新建立联系。因此，我认为，基于对建筑遗产文化价值的深入思考，基于严谨的科学研究论证，将被人为或自然力量无情毁坏、具有独特文化地标意义和精神象征意义的历史建筑进行重建，再现其独特风貌和文化价值的同时，让它们具有永恒意义，理应被看作是一种延续文化记忆的文化遗产保护方式。

今天，随着文化遗产保护理念的进步，人们对于保护文物建筑真实性提出更高要求，同时也倡导注重保存文化史迹的历史风貌，包括对已遭毁坏而有保存价值又有复原依据的历史建筑予以重建。例如，由联合国教科文组织与中国、日本合作复原整修的西安唐大明宫含元殿遗址。最终将高大的夯土遗址包含在砖石材料之内，复原了当年巍峨壮观、层叠高起的基座，使我们如今可以登上含元殿遗址，感受到气势恢宏的盛唐气象，并激发和鼓舞起建设大明宫遗址公园的信心。清华大学也复原重建了在"文化大革命"中被拆毁的晚清所建、题有"清华园"三字的"二校门"。位于阜内大街的妙应寺山门，也在"文化大革命"中被拆毁，在其上建设了副食商场，20世纪90年代进行环境整治，同时按照原位置、原形制、原材料、原工艺复建了山门。

每个城市都有其自身特色，中轴线就是北京重要的特色，需要在城市规划设计中挖掘、保护和发扬。故宫和天安门广场都在北京中轴线上，一个被完整保留下来，一个有了新的发展，说明北京中轴线是具有生命力的"活态文化遗产"。长期以来，在北京老城的四周基础上开辟了二环路、三环路、四环路、五环路等"圈层"道路系统，把北京老城置于平面布局的中心，历史悠久的文化古都建筑如何突破"圈层"，如何使文化遗产资源惠及全城，一个重要的战略措施就是保护和发展北京中轴线！

创新赋能
守护世界身份

北京中轴线随着城市建设的展开，也在持续成长。1984 年，北京获得第十一届亚洲运动会举办权，这是中国第一次承办大型洲际运动会。北京市决定将亚运村及众多比赛场馆选址在城市北部。同时为缓解从老城到亚运村的交通拥堵，从北二环中路的钟鼓楼桥，到北四环中路开辟了一条新的城市干道，长度约 5 千米，这是明清北京中轴线第一次长距离向北部延伸。与此同时，北中轴线的概念进入公众视野。

1993 年 10 月，国务院批准了《北京城市总体规划（1991 年—2010 年）》，提出要保护和发展城市中轴线，"把中轴线向南、北两个方向延伸，在其两侧和终端安排公共建筑群，采取不同的城市设计处理手法，分别体现出'门户'形象和 21 世纪首都的新风貌"。对中轴线的保护和发展有了明确的规划理念。北京中轴线及其南北延长线，应该成为中国传统建筑和当代建筑艺术的集中体现。

按照北京城市总体规划，传统中轴线不断向北延伸，规划在其北端形成城市空间的高潮。虽然在 1993 年北京申办 2000 年奥林匹克运动会时，中心区就考虑设在北郊，但是当时奥运场馆规划的用地范围、项目安排，特别是与中轴线的关系等方面，与此后规划实施情况有很大不同。21 世纪初，北京以再次申办 2008 年奥林匹克运动会为契机，规划建设奥林匹克公园。奥林匹克公园占地面积 1215 公顷，由 3 个部分组成：760 公顷的森林绿地、50 公顷的中华民族博物馆和 405 公顷的中心区。

当时奥运会正在申报过程中，未经授权不能使用"奥林匹克"名称，因此中心区最初名称为"北京国际展览体育中心"，是奥林匹克公园的核心，汇集了奥运会的主要场馆和设施。经过反复论证，最后确定了中心区的范围，即北起辛店村路，南至北土城路，东起北辰东路，西至白庙村路、北辰西路和中轴路。中心区位于城市繁华地段，拆迁量小，规划限制较少，基础设施条件优越，是北京城市规划长期以来预留给 21 世纪的发展用地，奥运会场馆和设施建设将使北京中轴线得到更好的成长和发展。

2000 年 3 ～ 7 月，北京市规划委员会作为业主，向国内外设计单位征集中心区"北京国际展览体育中心"的规划设计方案。此次征集活动共收到了来自中国、美国、法国、德国、日本、澳大利亚等 26 家设计单位提交的 16 个规划设计方案。这些方案各具特色。经过专家评审，最终评选出了 2 个二等奖和 3 个三等奖。北京 2008 年奥运会申办成功后，为了更符合奥运会的要求、符合城市空间序列和城市发展的需要，我们对奥运会总体规划布局进行调整，奥林匹克公园中心区的规划方案得以不断完善。

奥林匹克公园中心区的调整方案吸取了获奖方案的诸多长处，并结合北京城市发展实际和中轴线远景规划，历时 5 个多月的反复修改，直到国际奥林匹克委员会和所有的国际单项组织对北京考察结束后才最后定稿。奥林匹克公园集中了 14 个体育场馆，总观众座位达 26 万余个，开、闭幕式等重要的庆典活动也在这里举行，根据比赛日程测算，第 9 天的观众人数最高将近 50 万。奥林匹克公园中心区还包括由世界各大新闻媒体使用的"主新闻中心"，供 17000 名运动员居住、生活、休闲、娱乐的奥运村等一系列重要设施。

当时初步设想在奥林匹克公园中心区广场的北部、中轴线的尽端，建设一座高 500 米、建筑面积约 60 万平方米的多功能的智能型世贸大厦，作为北京中轴线的收尾。如今回想起来，这座大厦方案未能得以实施，而是以 7.5 平方千米的奥林匹克公园作为北京中轴线的北端收尾，实属明智之举。这是一个备受瞩目的规划设计，题目为"人类文明成就的轴线"，自北向南分为森林公园、中心区和四环路以南区域三大部分。奥林匹克公园集森林、湿地于一体，空间开阔，对北京城北部区域的城市肌理带来了深远影响，不但满足了社会公众的现实需要，还为未来发展留有余地。

2001 年以后，北京奥运会工程全面铺开，以此为契机，中轴线的概念被越来越多的人熟知。奥林匹克公园是奥运会的中心活动区域，至此，中轴线进一步从北四环向北延伸至北五环，中轴线北端城市景观的格局基本确立。2008 年 8 月 8 日，第 29 届夏季奥林匹克运动会在北京举办开幕式，29 个巨大的"烟花脚印"，以永定门为起点，沿北京中轴线一路向北，迈向奥运会主体育场。这种仪式感十足的设计，在北京中轴线之上赋予了时代寓意，完成了古代历史与现代时空的有机衔接，将当下的北京置于人类文明的历史长河之中。

2003 年 12 月，北京市规划委员会编制完成《北京中轴线城市设计方案》，首次明确将中轴线向南延伸到南苑。在筹办 2008 年奥运会的过程中，南中轴路得以修建。2009 年 11 月，北京市在《促进城市南部地区加快发展行动计划》中明确指出构建"一轴一带多园区"的发展格局，确立了南中轴在北京南部地区发展的引领与带动作用。为了积极推进南中轴的发展，2011年在原南苑园址南部建设南海子公园，复建团河行宫，修缮德寿寺，逐步梳理文化脉络，使南中轴的综合历史价值开始复兴，在北京中轴线上的节点地位逐渐显现并强化。

2017年9月公布的《北京城市总体规划（2016年—2035年）》提出，构建"一核一主一副、两轴多点一区"的城市空间结构，纵贯南北的北京中轴线，被纳入新一轮的城市空间布局调整与功能优化过程中。南中轴不仅承载着北京城市南部的未来发展目标，而且担负着缓解北京"城市病"，带动南北均衡发展的重任。随着北京大兴国际机场的投入使用，建成承载首都"新国门"的高端功能区，进而带动周边地区的发展升级，成为非常具有潜力的新地标。北京南部地区紧邻首都核心区，居于城市副中心和雄安新区之间，是"一核两翼"的腹地，具有得天独厚的区位优势，将南中轴大气磅礴地铺陈开来，呈现出新的气象。

整体保护北京中轴线，一方面，要深刻揭示中轴线文化内涵，整治中轴线周边环境，修复已经缺失的文化景观；另一方面，要维护中轴线的天际线和空间环境，继承中轴对称的城市格局，强化中轴线鲜明的统领地位，强化富有节奏的空间序列。同时，在中轴线南北延长线的规划设计中，亦应努力展现千年古都秩序的演变，注重两侧建筑起到的加强和烘托中轴线的作用，特别要避免出现破坏中轴线空间环境的建设项目，使古老的北京与现代的北京成功完成时空的对接，充分体现首都风范、古都风韵、时代风貌。

"一线牵一城，线上汇集了北京城建筑的精髓。一城聚一线，北京城的变迁在线上留痕，线也随之不断生长。有人说，这是一条历史轴，娓娓讲述北京往事；也有人说，这是一条发展轴，人们从这条线上读北京、看中国。"中轴线是城市发展轴，中轴线从 7.8 千米延伸到 88.8 千米，体现出"一脉传城"的气魄。在新北京的城市空间结构中，北京中轴线仍将是世界上唯一的、无与伦比的、独一无二的"中国气质"中轴线，是"集中展现着中华文明的过去、现在和未来精粹的文化遗产轴线"。历经数百年时光，这条中轴线依然保持着蓬勃的生命力，且在不断被赋予新的内涵与使命，是一条发展之轴、未来之轴！

第五章

未来中轴
统领城市规划和生活的基准线

从古代、到近代、再到当代，从建筑、到园林、再到街区，风格之多样、类型之丰富、形制之规整、建造之精湛、规模之宏大，代表着元、明、清至近现代中国高超的城市、建筑与园林建造水平，形成有序空间组织和宏伟空间序列，使北京中轴线成为内容丰富多彩的中国传统文化和当代建筑艺术轴线。

自中华人民共和国成立，北京老城开启城市建设进程，北京中轴线的对称格局得以留存。作为北京城市规划的核心要素，中轴线为塑造完备的城市景观筑牢根基，为营造宜人的城市环境开辟路径，也为传承中华优秀传统文化指引方向。北京中轴线这次申报世界遗产的名称是"北京中轴线——中国理想都城秩序的杰作"，强调的也是城市规划的理念，在城市发展过程中，都城总体的景观环境和街巷机理也得到了保护。

从"文物保护"到"文化遗产保护"

北京中轴线在文物保护利用方面还存在一些问题和不足。例如，中轴线保护范围内的文物保护单位隶属关系复杂，分属不同层级、不同系统，认识不一，管理有别，缺乏有效的统一管理体制和协调机制。虽然对于文物保护相关责任有明确规定，但是落实不到位、执法不严、监管不力、部门间协同不顺的情况时有发生。一些在文物保护范围内进行私搭乱建等危害文物安全的违法行为，也未得到及时有效的调查处理。特别是文物保护力量不足，保护专业化水平、科学化程度不高，以及社会参与中轴线文物保护利用缺乏政策支持和制度保障，处于自发状态，没有形成社会与政府齐心协力的良好局面。

北京中轴线堪称北京城的脊梁与景观带，其整体保护工作涵盖两大关键维度。一是深入挖掘文化内涵，整治周边环境并修复残缺文化景观；二是维护天际线与空间环境，传承对称格局，强化统领地位与空间韵律。

北京中轴线申遗之路充满艰辛，北京市倾尽全力并获各界支持。一方面，其覆盖区域广阔，涉及众多单位与居民，需平衡遗产保护、城市建设与民生改善的关系。另一方面，申遗过程修正诸多历史遗憾，如地安门商场与鼓楼、积水潭医院与"银锭观山"景观冲突，借由天坛医院搬迁、先农坛文物腾退化解文保难题，国家话剧院等一批建筑降层改造。借由疏解、修缮与整治，中轴线历史格局与风貌逐步还原，人居与城市风貌优化，民众幸福感与获得感提升，同时促进文化认同，凝聚社会力量，推动名城整体保护。

文物保护与文化遗产保护之间存在多种跨越。第一，文物保护只保护文化要素，而文化遗产则要同时保护自然要素。与泰山申遗的例子类似，过去文物部门保护文化要素，建设系统负责保护自然要素，两者是分裂的。第二，过去文物保护关注物质遗产，文化遗产保护则强调同时保护非物质遗产。第三，文物保护强调的是静态的。比如古遗址、古墓、石窟等，它们失去了最初的功能，只是被研究、被观赏的对象。文化遗产保护还要强调保护动态的部分，比如仍然有人居住的历史街区、传统村落、民族村寨。有人居住，每天就都会有变化。第四，过去的文物保护主要关注古代，忽略了当代的。许多当代的建筑因为缺乏"保护身份"而在城市化的进程中拆除，文化遗产保护则强调历史的链条不能断。第五，过去文物保护，保护的是一座塔、一座古建筑等个体，后来扩大到历史街区、历史城市，从点到面。文化遗产保护还注重保护商品贸易、文化交流、人类迁徙的廊道和线性遗产。大运河、丝绸之路、茶马古道等便是其中的典型代表。第六，过去文物保护注重保护标志性建筑，包括寺庙建筑、宫殿建筑等，文化遗产保护强调也要保护民间文化遗产等。

在文化遗产保护实践持续推进的过程中，其保护格局与理念也在不断演进与升华，逐步实现了从"文物保护"迈向"文化遗产保护"的转变。这一转变的核心在于我们的认知深度得到拓展，保护范畴得以进一步拓宽，从而使文化遗产保护工作更具全面性与系统性。

让文化遗产在更大范围活起来、动起来、响起来

梁思成先生一直有一个主张："一座历史性城市要保护老城、建设新城，两者才能相映生辉。"北京中轴线申遗，也伴随着"既要保护老城，又要建设新城"的挑战与努力。北京严格落实"老城不能再拆了"的要求，发展开辟新的区域，特别是建设了北京城市副中心，在河北建设雄安新区，疏解非首都功能，与保护北京文化古都密切相关，这一点所有历史文化名城都能有所借鉴。其次，深入挖掘历史性城市多重资源，特别是聚焦一座城市最核心的文化价值，并凝聚成全体市民的共同意志，向世人展示全面真实的古代中国和现代中国的文化风貌和魅力。在这方面，北京中轴线申报世界遗产起了很好的示范作用。

北京中轴线申遗过程中，我们做了很多研究工作，中轴线上的文化资源还要继续发掘，在根据现实解决交通、市政基础设施等问题的基础上，继续揭示和展示更多文化遗产。如今手段越来越丰富，技术越来越先进，大运河玉河段已经局部显露出来，还可以创造条件继续此项工作。正阳桥的考古勘探已经开展，将来也可以揭示出来，形成一个小型的文化遗址公园，这

样能使中轴线文化遗产的展示更加丰富。另外，文化遗产保护一个非常重要的方面就是文化能力的建设。人们接触文化遗产，从中吸取智慧和营养，树立文化遗产保护的正确理念，这些本身就是保护文化遗产的行动。

玉河遗址公园

　　北京中轴线在民众生活中，市民的参与度非常高，中轴线上有很多的历史遗存、博物馆、公园文化设施，人们可以自由地走进去。过去，年轻人很少走进钟鼓楼，现在这里已成为年轻人非常喜爱的打卡点，鼓楼"时间的故事"展览采用了数字化展陈的手段，收录了大钟敲击的声音，让观众可以沉浸式感受晨钟暮鼓的旋律，寻找"北京时间"。像正阳门、永定门这些标志性建筑，都可以实现这样的开放，让人们从高处看到中轴线的壮美景观。让文化遗产在更大范围活起来、动起来、响起来，这既是对文化遗产活化利用的模式探索，也是文化创新发展融于在地群众的实践路径。

北京鼓楼"时间的故事"展览

北京中轴线的价值标准

一是"北京中轴线及其周边地区经过系统周密的城市规划设计及近 8 个世纪的不断演化而成，是以历史遗存的皇家宫殿、皇家园林及当代重要公共建筑及城市广场为核心，由一系列皇家坛庙、民居街坊、自然园林、历史街道、水利工程、防御工程，以及重要的标志建筑和城市景观，遵循特定的布局原则组合而成的统一空间整体。作为北京老城严谨对称空间格局的核心，北京中轴线及其周边地区是中国古代和当代都市计划的无比杰作。它的规划和进化过程体现出中国人民将科学、美学及古代哲学思想应用于城市设计的创造，以及通过城市规划建立社会秩序、规范社会生活的方法，反映了人类在城市规划建设上的杰出才能"。

二是"北京中轴线及其周边地区有序分布着宫殿、官署、坛庙、府邸、民居、城门等重要建筑物，构筑了丰富、壮丽的城市空间序列，具有深厚的象征意义；从空间布局、到建筑形制、再到建筑色彩，大处严整有序，小处变化万千，成为中国文明中礼制文化、皇家文化、民俗文化和风水文化的独特见证。它既是已经消失的中国古代社会生活方式的最后见证，又是仍然存在的中国传统文化和价值观的活的载体"。北京中轴线位置的选择，包括中轴线的规划方法也反映了中国传统的宇宙观，明代对中轴线的调整更反映了中国文化中堪舆、风水的影响。北京中轴线毫无疑问可以作为中国传统文化的见证。

三是"北京中轴线及其周边地区的宫殿坛庙、园林景观、街巷里坊、防御工程和水系工程，严格遵循《周礼·考工记》所载中国古代城市规划思想布局建设，是中国封建社会都城建设经过数千年演变发展成熟的典型范式，代表着明清时期中国封建都城建设的最高成就，是中国古代都城保存最完整的典型实例"。由于中国传统的宇宙观和审美趣味，对称和均衡是中国传统政治、伦理和美学观念中最为重要的内容。城市规划对于中国古人而言是关乎朝代兴废大事，对称和均衡更是城市规划中需要遵守的基本规则。北京中轴线则反映了这种源于《周礼·考工记》的规划思想的最高成就和最完整的体现。

四是"北京中轴线在元代初步建设，明朝时经过南延逐渐形成，并在清代不断丰富和发展，民国之后和中华人民共和国成立后的阶段又经历变化，700多年的历史变迁真实记录了北京作为中国首都的演变进程，乃至中国朝代更迭和社会变革。北京中轴线的变迁见证了中国数千年封建王朝的解体和中华人民共和国的建立，这一历史事件对于世界各国民众争取独立自由和建立民主制度具有普遍的参考意义"。北京中轴线的建设发展与中国历史上重大事件密切相关，见证了元、明、清封建帝国的兴衰，见证了中华人民共和国的建立，这些事件不仅对中华文明自身的发展产生了深刻的影响，而且也在很大程度上对世界文明的发展产生着影响。

让中轴线文化呈现在更多人面前

今天，北京中轴线申报世界文化遗产已经引起社会各界广泛关注，但是广大市民对于北京中轴线的准确概念，包括中轴线的历史沿革、文化内涵，中轴线上及两侧的文物建筑，以及历史地段等了解还比较有限，应该加强宣传和保护工作，使广大市民了解申报世界文化遗产的意义。同时，让居住在这里的人们生活得更舒适且拥有获得感，让更多民众为北京拥有壮美的中轴线而自豪，社会各界和广大群众自愿参与到中轴线的保护与宣传中来，使北京中轴线保护和申报世界文化遗产成为全社会主动参与和配合的自觉行为。

2016年，北京市政协委员胡永芳开始拍摄北京中轴线纪录片。她说："一开始就知道有中轴线，但是对中轴线到底是什么并不是特别清晰，在拍摄过程中越来越深入地了解中轴线，也就越来越感到自豪，为中轴线的魅力折服。"在徒步拍摄过程中，胡永芳委员也不时地停下来和当地的居民交流，却感受到了人们对中轴线的陌生。"说起中轴线，有许多居民都不知道自己就住在中轴线上。""还有许多居民说，中轴线远了去了，到鸟巢北边呢！"由于北京中轴线不同于故宫、天坛等边界明确的世界文化遗产，而且文化遗产构成和申报范围仍处于研究过程中，对普通市民来说，确实存在对中轴线的历史、文化内涵、具体的建筑与地段乃至准确概念等知识了解都非常有限的问题。

为了让更多的人知道中轴线，让中轴线的故事呈现在更多人面前。胡永芳委员建议建立中轴线的线上数字博物馆，充分利用互联网和移动端，建立与大众的互动渠道，方便市民全面深入地了解中轴线的每一处景观，了解它的由来、演变及将来的规划，让更多人为中轴线自豪。同时，及时了解中轴线保护的社会心理和关注焦点，使中轴线申报世界文化遗产成为全社会主动配合的自觉行为。目前，北京市文物局已经开展北京中轴线资料辑录工作，采用数字建模的方式复原中轴线上消失的经典古建筑，并积极建设中轴线线上数字博物馆，推进北京中轴线完美呈现获得更广泛的社会支持。

北京市规划委员会组织了"北京永定门城楼复建及南中轴部分地段修建性详细规划方案"征集活动。此次修建性详细规划的范围是北起南纬路、南至燕墩遗址及周边绿地，总长约 1.7 千米，规划范围约 47 公顷，处于天坛、先农坛两坛中间，地理位置重要，是北京中轴线的南端。实施方案强调尊重传统思想文化，采用的表现手法为统一的设计语言，以简洁的形式，形成空间层级递进的严谨秩序，空间节奏明确、开合有致的文化景观。一个承载着深厚历史文化、蕴含着丰富历史故事的中轴线重新呈现在世人面前。

在修建性详细规划方案中，天坛南门以南部分以绿化为主，集中展现历史风貌。保留观音寺及天坛西门入口处的值房等传达历史信息的建筑。天坛南门以北部分安排地下商业设施和下沉广场。此外，方案还同时确定了永定门城楼南侧瓮城及护城河的设计。永定门城楼南侧原有瓮城、箭楼和环形护城河，当时根据专家意见，方案中只复建永定门城楼，在其南侧广场上，以不同的地面铺装来标识原瓮城及箭楼的位置。广场两侧与立交桥之间呈现出 15 米宽的护城河水面，让城楼与立交桥的景观有所分离，也为河上的游船提供了较好的观赏视线。

北京市城市规划设计研究院院长石晓冬针对中轴线申报世界文化遗产，提出了新的规划设计策略。一是优先考虑中轴线整体风貌景观要求，保证中央御道空间充足，保证南北景观视廊通畅及两侧街道景观对称。二是满足中轴线文化展示需求，为公众提供游览中轴线舒适便捷的慢行系统。三是关注公交与慢行主导的交通组织需求。具体做法是强化轴线对称，净化轴线景观，在前门大街南段两侧形成沿中轴对称的道路断面及城市景观，对已经露出地面影响风貌的地铁出入口及附属设施做景观消隐处理，满足市民及游客的需求。从使用者的视角充分提高步行系统的联系性与便捷性，使御道空间具有较高的可达性。

实际上，从规划设计到实施完成，是一个连续的过程，其间需要不断优化和改进。例如，对交通环境充分考虑，避免各类交通流线交叉，从而创造安全的步行游览空间，保障视廊畅通，使御道上的观赏人群能够看到正阳门。整体规划区域统筹从区域视角对道路的历史文化功能、交通功能、绿化景观功能等进行整体平衡，统筹考虑各专业的限制要素和空间要求，将两侧的铺陈市胡同、西草市街胡同纳入交通组织。我们一行登上铛铛车，行进间继续进行交流。民国时期前门大街的道路中央有了铛铛车，一直发展到今天，已经成为一条中轴文化的探访路。我想，未来如果御路全部贯通的话，铛铛车应该可以从前门大街一直开到永定门。

游人体验行驶在中轴线上的铛铛车

在保护北京中轴线古建领域，先行者们始终不遗余力。1934 年，中央研究院历史语言研究所委托中国营造学社详细测绘故宫，这项工作由梁思成先生负责，从 1934 年开始到 1937 年抗日战争爆发后中断，共测绘了故宫古建筑 60 余处。这几年梁思成先生身心完全浸染于故宫，对他构建以中国官式建筑为主流样式的古代建筑史体系具有重要意义。虽然最终未能完成整个故宫的测绘，但是在中国营造学社陆续编写出版的《建筑设计参考图集》《中国建筑史》《图像中国建筑史》中，都不难发现故宫古建筑的重要地位。这些或为图说，或为史论，或为中文解说，或为英文介绍的著述中，故宫作为中国古典建筑的集大成与收官之作，始终在彰显其作为中国古建筑顶级样本的魅力。

1941 年，为预防北平古建筑

梁思成

遭战火焚毁，由中国营造学社社长朱启钤谋划、建筑师张镈主持，历时 4 年绘制了北起钟鼓楼、南至永定门的北京中轴线主要古建筑实测图，共 704 幅。这是 20 世纪 40 年代北京中轴线建筑规模空前的测绘活动，将北京中轴线建筑从南到北逐一系统地测绘下来：宫苑广场有总平面、总立面和总剖面；单体建筑有平面、立面、剖面和大样图；标注有详细的尺寸和材料、做法，既有空间构成表达，也有总立面的渲染。全部数据均按不小于 1/50 的比例尺，用墨线或彩色渲染绘制在 60 英寸 × 42 英寸（1 英寸 ≈ 2.54 厘米）的高级橡皮纸上，图纸完整、数据精确、制图精美，堪称中国古建筑测绘图范。

这是北京建城史上第一次，也是唯一一次运用现代测量技术全面测绘中轴线古建筑的创举，更是抗日战争时期中国知识界保护北京古建筑的一项重大成就。一个世纪以来，永定门、中华门、长安左门、长安右门、北上门、地安门等，这些中轴线上连接内外、体现礼制、分别嫡庶的重要古建筑一个个消失于城市建设之中。除了保存至今的一些老照片外，能够记录这些已经消失的古建筑实测数据的资料，唯有这套实测图纸，它成为还原北京城历史上壮丽风貌仅有的依据，在今天科学保护北京中轴线的实际举措中，必然发挥着重要的指导作用，向世人展现其在历史、建筑、档案、文献等学科领域中应有的价值与地位。

这套实测图纸还是北京建城以来完成的北京中轴线建筑体系最为完整的测量图。在科学价值方面，古建筑的维修与保护是一门严谨的科学，这套图纸的诞生是现代测绘方法运用到古建测量中的一次完美实践，为后世的古建筑研究与保护提供了现代意义上的经验。这次测绘也代表了 20 世纪 40 年代中国文物建筑测绘的水平与成就。在艺术价值方面，这套实测图纸的表现形式，或黑白墨线，或彩色渲染，图上建筑比例准确，落笔细致入微。纸张全部采用当时德国的橡皮图纸绘制，大气磅礴，历史气息浓厚。不论在绘制手法还是材质选用上，均可视作一部不可多得的艺术珍品。

2017 年，故宫出版社汇集了故宫博物院收藏的 355 幅实测图纸，中国文化遗产研究院收藏的 299 幅实测图纸，清华大学建筑学院收藏的 62 幅测绘于 1934 年前后的紫禁城古建筑图纸，在拟定"完全忠实原图、修补少量破损、保存修改痕迹、适当除脏除皱"的图纸编辑标准下，终于完成了《北京城中轴线古建筑实测图集》的出版。这套图集共收录了北京中轴线上 22 组古建筑，并对其中 87 处单体建筑出具了严谨的文字介绍，大到建筑体量，小到装饰细节，予以说明。《北京城中轴线古建筑实测图集》是 80 多年前不畏艰难的先行者们集体智慧的壮举，也是 80 多年后缅怀先贤的接力者们薪火相传的结晶。

北京中轴线是有生命力的，它对北京的城市规划历史发展具有重要的作用，是北京这座历史文化古都的"灵魂"和"脊梁"，体现和展示了北京这座城市的文化精神。保护中轴线，了解中轴线，更能从中理解泱泱中华灿烂的文明。要加大北京中轴线文化价值和意义的宣传和引导，因为它影响的不只是北京的现在，还有北京的未来！

北京中轴线申遗大事年表

1986年

为迎接亚运会，北京北辰路建成，这是明清北京中轴线第一次长距离向北延伸。中轴线的概念逐渐回归公众视野，对中轴线的保护也有了明确的规划与指导

1993年10月

国务院批准了《北京城市总体规划（1991年—2010年）》，提出要保护和发展城市中轴线

2003年12月

北京市规划委员会编制完成《北京中轴线城市设计方案》，首次明确将中轴线向南延伸到南苑

2004年9月

消失了近半个世纪的永定门在原址按原状完成复建，再次屹立在中轴线南端

2008年7月3日

奥林匹克森林公园落成，中轴线进一步从北四环向北延伸至北五环，中轴线北端城市景观的格局基本确立

2009年

编制《北京中轴线申报世界遗产预备名录文本》

2011年

在原南苑园址南部建设南海子公园，积极推进南中轴的发展

2011年6月

北京市启动中轴线申遗文物保护工程，首次提出"应特别保护和规划好首都文化血脉的中轴线，并力争为其申报世界文化遗产"

2012年11月

国家文物局将北京中轴线列入《中国世界文化遗产预备名单》，并提交世界遗产中心备案

2012年

加强对中轴线上重要文物建筑（天安门、太庙、故宫、钟鼓楼和正阳门等）的保护修缮

2017年6月

启动《北京中轴线申报世界文化遗产名录文本》修订工作，明确了遗产构成，阐述了列入理由，明确了遗产的突出普遍价值

2017年9月

中共中央、国务院批复《北京城市总体规划（2016年—2035年）》，将"积极推进中轴线申遗工作"作为规划重点

2017年

北京市成立推进全国文化中心建设领导小组，专班推进中轴线申遗，北京中轴线申遗保护工作全面启动

2018年1月

启动编制《北京中轴线申遗综合整治规划实施计划》及《北京中轴线风貌管控城市设计导则》

2018年10月

第一届北京中轴线申遗保护国际学术研讨会成功举办

2019年10月

第二届北京中轴线申遗保护国际学术研讨会成功举办

2020年

国家文物局、北京市政府建立运行部市合作机制，制定实施《北京中轴线申遗保护三年行动计划（2020年7月—2023年6月）》

2020年8月

编制《北京市东城区中轴线申遗综合整治实施计划》

2020年11月

《北京中轴线风貌管控城市设计导则》通过北京市推进全国文化中心建设领导小组办公室审议

2020年12月

第三届北京中轴线申遗保护国际学术研讨会成功举办

2021年3月

编制《万宁桥周边环境综合整治》方案

2021年4月

开展北京钟鼓楼邻近地区环境整治工作，形成以申遗带动老城整体保护更新的实践经验并向全市推广

2021年5月

北京市文物局开展申遗文本专题研究，并不断将课题成果纳入申遗文本

2022年10月1日

《北京中轴线文化遗产保护条例》施行

2022年10月

"北京中轴线"被确定为中国2024年世界遗产申报项目

2022年

确定15处遗产构成要素整体申遗的工作路径

2022年

着力推进考古发掘研究，取得正阳桥、天桥、南段道路遗存等重大发现，填补中轴线南段道路遗存"空白"

2023年1月28日

《北京中轴线保护管理规划（2022年—2035年）》公布实施

2023年1月30日

国家文物局向联合国教科文组织世界遗产中心正式提交《北京中轴线申报世界文化遗产名录文本》

2023年8月

国际专家完成现场考察工作

2023年11月、2024年2月

国家文物局先后两次提交补充申遗材料，并派代表团赴巴黎参加专业答辩

2024年5月30日

国际古迹遗址理事会形成评估报告，作出将"北京中轴线"直接列入《世界遗产名录》的最高评估结论

2024年7月27日

第46届世界遗产大会通过决议，将"北京中轴线——中国理想都城秩序的杰作"列入《世界遗产名录》